职业院校学前教育专业"十四五"系列教材

学前儿童
意外伤害与安全教育

主　编　宣兴村
参　编　王晶晶　刘文雅　宋　婕　陈　敏

华中科技大学出版社
http://press.hust.edu.cn
中国·武汉

内 容 简 介

《学前儿童意外伤害与安全教育》一书分为六个单元：第一单元为"学前儿童意外伤害概述"；第二单元为"学前儿童意外伤害常见结果及其急救"；第三单元为"学前儿童常见意外伤害"；第四单元为"学前儿童意外伤害的一般预防"；第五单元为"学前儿童意外伤害的重点防范"；第六单元为"学前儿童安全教育"。本书是市面上难得一见的系统阐述学前儿童意外伤害知识、预防与应急处理技能的著作。

本书主要适用于学前教育、早期教育、婴幼儿托育服务与管理等高等职业教育专科专业的学生，作为他们学习"意外伤害预防与安全教育"等课程的教材。同时，本书也适用于准备参加幼儿园教师、保育员、育婴员等招聘考试的社会人员，并可作为学前儿童家长、专业人士和兴趣爱好者学习或研究的参考资料。

图书在版编目（CIP）数据

学前儿童意外伤害与安全教育 / 宣兴村主编 . -- 武汉：华中科技大学出版社，2024.8.
ISBN 978-7-5772-1220-3
Ⅰ . G613.3
中国国家版本馆 CIP 数据核字第 2024S8L360 号

学前儿童意外伤害与安全教育　　　　　　　　　　　　　　　宣兴村　主编
Xueqian Ertong Yiwai Shanghai yu Anquan Jiaoyu

策划编辑：袁　冲
责任编辑：狄宝珠
封面设计：王　琛
责任监印：朱　玢
出版发行：华中科技大学出版社（中国·武汉）　　电话：（027）81321913
　　　　　武汉市东湖新技术开发区华工科技园　　邮编：430223
录　　排：华中科技大学出版社美编室
印　　刷：武汉科源印刷设计有限公司
开　　本：710mm×1000mm　1/16
印　　张：16.25
字　　数：247千字
版　　次：2024年8月第1版第1次印刷
定　　价：59.00元

本书若有印装质量问题，请向出版社营销中心调换
全国免费服务热线：400-6679-118　竭诚为您服务
版权所有　侵权必究

前言
PREFACE

意外伤害是儿童健康成长的主要威胁之一，其范畴广泛，涵盖了诸如高空坠落、烫伤、动物咬伤、溺水以及误吞异物等外来、突发、非本意且非疾病的伤害。与成人相比，学前儿童更易受到这些伤害的侵袭。事实上，多数意外伤害是可以预防的，但遗憾的是，我们往往忽视了预防意外伤害的重要性。因此，《中国儿童发展纲要（2021—2030年）》将儿童伤害的预防与救治列为关键目标之一。为进一步提升全社会对儿童意外伤害的关注度，并加强儿童意外伤害防治能力，国家儿童医学中心儿童意外伤害中心于2023年7月正式揭牌成立。

随着儿童意外伤害事件数量的逐年上升，我国社会对儿童伤害预防的呼声日益高涨。如何有效增强儿童的自我保护意识和能力，减少和防止意外伤害的发生，已成为学前教育工作者们深思并致力于解决的问题。在学前教育、早期教育、婴幼儿托育服务与管理等专业的人才培养方面，许多院校积极响应社会需求，纷纷将"学前儿童意外伤害与安全教育"课程（或类似课程）纳入教学计划，以明确学前师资培养的要求。

本教材正是在这样的背景下应运而生的，旨在为学前教育、早期教育、婴幼儿托育服务与管理等高等职业教育专科专业的学生提供"意外伤害预防与安全教育"等课程的学习材料。同时，本教材也适用于准备参加幼儿园教师、保育员、育婴员等招聘考试的社会人员，并可作为学前儿童家长、专业人士和兴趣爱好者学习或研究的参考资料。本教材在编写过程中，力求凸显以下四大特色。

1. 课程思政，立德树人

本教材全面贯彻"三全育人"教育理念，致力于立德树人根本任务的落实。积极培育并践行社会主义核心价值观，弘扬劳动光荣、技能宝贵、创造伟大的时代精神，并将劳模精神、劳动精神、工匠精神等精髓融入其中，为学习者提供丰富的精神食粮。

2. 体例创新，实践导向

在每个单元的开篇，设置"单元学习目标"，让学习者明确本单元的学习要求和核心内容。随后，"情境导入"环节巧妙地将学习者引入单元学习中。单元主体部分由"基础知识"和"技能训练"两大板块构成，既注重理论知识的传授，又强调实践能力的培养。最后，"单元小结"和"思考练习"等板块可进一步巩固和拓展学习成果，帮助学习者全面掌握单元内容。

3. 强调互动，融会贯通

本教材中设置了"请您思考"等互动栏目，旨在促进学习者与教材的深入对话。通过此类设计，教材内容与其他部分相互贯通，甚至与其他专业课程形成有机联系，鼓励学习者以多维视角分析问题、思考解决方案，从而提升学习效果。

4. 岗课赛证，综合育人

本教材紧密结合幼儿园教师、保育员、育婴员等实际工作岗位需求，以"学前儿童意外伤害与安全教育"为核心课程，将幼儿教育技能、婴幼儿照护技能等竞赛精神与要求，以及幼儿园教师资格证书、幼儿照护证书、母婴护理证书等考核标准，融入教材编写的全过程，实现岗位需求、课程内容、竞赛精神和证书考核的综合育人目标。

本教材在长期教育教学实践和对相关领域深入研究的基础上，由合肥幼儿师范高等专科学校学前教育系宣兴村教授领衔的教学团队精心编写。本书不仅是宣兴村教授主持的安徽省一流教材《学前儿童意外伤害与安全教育》

（项目编号：2020yljc112）的重要建设成果，也是安徽省2023年度省级高水平高职学校和专业群（学前教育专业群）建设成果之一，以及安徽省2023年度重大教学研究项目"'双高'背景下高职院校学前教育专业群内涵建设研究"（项目编号：2023jyxm1407）的显著成果。同时，它还是安徽省省级教学创新团队"学前儿童卫生保健教学创新团队"（项目编号：2023cxtd172）、合肥幼儿师范高等专科学校首批校级教师教学创新团队"学前儿童卫生与保健教师教学创新团队"（项目编号：hyjxtd202301）和合肥幼儿师范高等专科学校第二批科研创新团队"学前教育科研创新团队"（团队编号：KCTD202402）的标志性成果。

此外，本教材的编撰过程得到了产教深度融合、校企（幼儿园）紧密合作的推动。合肥幼儿师范教育中心（合肥幼教集团）及其下辖的40多所幼儿园，特别是合肥幼教集团铜冠花园幼儿园，深度参与了教材大纲的修订研讨、编写体例的确立、案例的搜集整理以及微视频的拍摄制作等各个环节。

本教材的编写得到了合肥幼儿师范高等专科学校领导的高度重视，学前教育系党政负责同志和学校教科研处负责同志的全力支持，以及华中科技大学出版社的鼎力相助。在编写过程中，我们广泛参考、引用和借鉴了同行专家在本领域的研究成果、观点和资料，并已在参考文献中列出，若有疏漏之处，敬请谅解。同时，我们从百度图片库中选取了部分图片作为教材的补充材料，因实际情况限制，未能逐一注明出处或提供者，对此我们表示歉意。

由于编者水平有限，书中难免存在不足之处，敬请广大读者批评、指正。

编者
2024年4月

目录 CONTENTS

第一单元　学前儿童意外伤害概述　·1

第二单元　学前儿童意外伤害常见结果及其急救　·16

第三单元　学前儿童常见意外伤害　·55

第四单元　学前儿童意外伤害的一般预防　·135

第五单元　学前儿童意外伤害的重点防范　·151

第六单元　学前儿童安全教育　·179

附录A　中小学幼儿园安全管理办法　·213

附录B　学生伤害事故处理办法　·225

附录C　中小学、幼儿园安全防范要求　·232

附录D　学校的安全防范设施配置表　·241

附录E　中小学校、幼儿园消防安全十项规定　·245

参考文献　·248

第一单元
学前儿童意外伤害概述

情境导入

学前儿童意外伤害大家谈

课间休息时间已至,然而这个班级并未有下课的迹象,相反,教室内的声音愈发高涨。"意外伤害,不就是那些我们无法预料的伤害吗?既然它难以预料,我们似乎也难以完全防范。""然而,意外伤害给孩子带来的后果极为严重,我们必须严加防范,竭尽全力避免此类事件的发生。""虽然意外伤害确实难以预测和完全避免,但我们仍有预防的空间,毕竟事在人为。"……同学们纷纷围绕本节课的主题——"学前儿童意外伤害"展开讨论,各抒己见。面对如此热烈的讨论,授课教师陈老师也饶有兴趣地坐了下来,静静聆听他们的见解。

上述案例中,几位学生的观点都有其合理性。那么,到底什么是意外伤害?学前儿童的意外伤害是如何发生的?为何会出现学前儿童意外伤害的情况?一旦发生意外伤害,我们应该如何处理?通过本单元的学习,这些疑惑都将得到解答。

单元学习目标

◆ **知识目标**

1. 能解释说明学前儿童意外伤害的概念及其发生特点;
2. 能分析说明学前儿童意外伤害产生的原因;
3. 能清晰描述学前儿童意外伤害发生后应急处理的一般流程。

◆ **技能目标**

1. 能就学前儿童意外伤害情况进行调查,并能撰写出调查报告;
2. 能清晰汇报学前儿童意外伤害调查情况,并能对他人的汇报提出自己的意见和建议。

◆ **思政目标**

形成关爱儿童、呵护儿童、珍爱生命、敬畏生命的积极态度。

基础知识

一、学前儿童意外伤害的概念

意外伤害是指外来的、突发的、非本意的及非疾病的使身体受到伤害的客观事件。学前儿童意外伤害,是指在学前儿童身上发生的意外伤害,按伤害所发生的地点(或管理(职责)范围),可进一步分为在家中所发生的意外伤害、在托儿所或幼儿园所发生的意外伤害,等等。

意外伤害被列为21世纪影响儿童身体健康和生命安全的重要危险因素,已经引起了全社会的高度重视。

学前儿童意外伤害根据伤害的程度可以分为以下三类：

1. 危及生命的严重伤害

这类伤害包括窒息、溺水、触电、外伤大出血、气管吸入异物、车祸以及中毒等，一旦出现这类事故，必须立即在现场进行紧急抢救，以最大限度地减少可避免的死亡风险。

2. 较为严重但非立即致命的伤害

这类伤害如各种烧烫伤、骨折、毒蛇咬伤、疯狗咬伤等，虽然不会立即致命，但如果不及时处理或处理不当，同样可能导致死亡或造成终生的身体残疾。

3. 轻微伤害

对于轻微伤害，如小刀划伤、皮肤擦伤、烫伤形成的小水泡等，通常可以在家中进行简单的初步处理，如有需要，再前往医院接受专业治疗。

二、学前儿童意外伤害的发生特点

（一）一般特点

1. 突发性

意外伤害往往具有突发性，孩子们可能在几小时，甚至几分钟前还活泼可爱，突然间遭受意外伤害。

2. 不可预见性

儿童意外伤害大多数源于成人的疏忽大意或照顾不周，往往是在未预料到会发生意外的情况下发生的。虽然部分意外伤害由突然发生的自然灾害或外界伤害导致，但除了突发的自然灾害外，许多意外伤害虽然出乎意料，但仔细分析却往往有一定的可预见性，因此预防空间仍然很大。

3. 原因的多样性

导致意外伤害的原因多种多样，错综复杂。

4. 场所的广泛性

意外伤害可以在各种场所发生：在家中、教育机构、商场、剧院、娱乐场所，在火车、汽车、拖拉机、轮船、飞机等交通工具上，在江河湖海、沟渠、游泳池、运动场、公园、动物园、公路、旅游景点等地，都可能出现意外伤害。

5. 伤害的非疾病性

意外伤害虽然会导致受伤害的结果，但无论结果如何（甚至包括死亡），这些伤害都不是由疾病原因引起的。

◆ **请您思考**

学前儿童意外伤害是完全意料之外、不可预防的伤害吗？

（二）具体表现

（1）从学前儿童意外伤害发生的性别分布来看，男孩明显更易发生意外伤害，这很可能与男孩天性活泼好动、喜好冒险、更易置身于潜在危险环境有关。

（2）学前儿童意外伤害的高发时段集中在10:00—12:00和15:30—17:30。这可能与这两个时间段内孩子们的活动安排较多、活动频繁有关，因此意外伤害的风险也相应增加。

（3）学前儿童意外伤害多发生在家中。此外，户外的大型玩具场所如幼儿园，其发生率也明显高于盥洗室和活动室等场所。这暗示了家庭环境中存在较多的安全隐患，家长应提高安全意识，努力营造安全的家庭环境，以减少意外伤害的发生。

（4）学前儿童意外伤害的主要类型包括摔伤、碰伤等。

（5）学前儿童的头部和上肢是其最容易受伤的部位，这可能是因为学前儿童身体重心不稳、动作协调性较差，且缺乏自我保护能力，因此头部和上肢更易受到伤害。

（6）学前儿童意外伤害在春秋季节更为频发，发生率明显高于冬季和夏季。这可能与春秋季节气温适宜，学前儿童的活动积极性较高有关，而冬季寒冷、夏季炎热，恶劣的天气条件影响了学前儿童的活动积极性，也影响了成人安排相关活动的积极性。

（7）学前儿童意外伤害的严重程度以轻度为主，这表明我国在学前儿童意外伤害防控方面采取的一系列措施效果显著，有效避免了严重意外伤害事件的发生。

三、学前儿童意外伤害的发生原因

学前儿童容易发生意外伤害，其原因很复杂，总的来说，可以归纳为以下几个方面。

（一）学前儿童自身的原因

学前儿童的骨骼、肌肉和关节尚处于发育阶段，因此他们的动作协调性相对较差，走路时容易跌倒。如果参与超出其体能负荷的运动，他们很容易受到运动伤害；而若长时间持续运动，可能会因身心疲惫、注意力不集中而导致意外事故的发生。此外，他们的神经系统也未完全发育，大脑对身体动作变化的反应尚不够灵活。例如，在过马路时，他们可能只留意到一侧的车辆，却忽视了另一侧的交通情况，同时对车速也缺乏准确的预判。更重要的是，他们的视觉、听觉和触觉等感官发展都还不够完善，这不仅增加了托幼机构内发生意外事故的风险，也给机构在预防意外伤害事故方面带来了更大的挑战。

学前儿童的心理发展也未达到成熟阶段，他们好动、好奇，但理解力和判断力相对较弱，生活经验不足，对危险的认知有限，自我保护能力不强，这些都是导致意外伤害事故频发的原因。很多时候，家长和教师倾向于为幼儿提供全方位的保护，尽量避免他们碰撞或跌倒，但这种做法也可能导致幼儿缺乏自我保护的意识。一旦发生意外情况，他们常常会感到手足无措。例如，高空跌落事件的发生，往往是因为幼儿具备了攀爬能力，但对阳台、门窗、楼梯等潜在危险缺乏预见，特别是在成人监管不周时，更容易发生此类意外。

另外，气质类型、情绪和性别也是影响学前儿童意外伤害发生的重要因素。研究表明，粗心、好动的幼儿更容易遭遇意外伤害；同时，当幼儿情绪不稳定时，他们可能会做出冲动或自我伤害的行为，从而引发意外。值得注意的是，男孩相较于女孩更容易发生意外事故，这主要是因为男孩通常更加活泼好动，且他们的游戏方式多以身体接触为主。

◆ 请您思考

学前儿童自身的原因，是不是导致意外伤害发生最主要的原因？为什么？

（二）成人安全防范意识薄弱

学前儿童意外伤害的发生，往往与成人（包括家长、教师和其他监护人等）缺乏防止儿童意外伤害的意识和知识紧密相关。虽然相比之下，托幼园所的教职员工在此方面的表现相对较好，但仍需进一步完善，以确保儿童的安全。

（三）成人缺乏对学前儿童进行必要的安全教育

成人有时对学前儿童在安全方面的实际情况缺乏深入了解，往往过分高估儿童的自我保护能力，自以为孩子懂得如何自我保护，从而忽视了对儿童的安全教育。

此外，有些成人虽然意识到外界存在诸多对学前儿童发展不利的因素，但他们只是过度地保护孩子，采取"少活动、少出事"的态度，将许多本应孩子亲自完成的事情全部代劳，无形中剥夺了孩子通过实践锻炼来提升自我保护能力的机会。这样的做法导致孩子缺乏基本的对危险事物的防范能力。

（四）所处环境中存在潜在危险

所处环境中存在的多种安全隐患因素常常会导致学前儿童意外伤害的发生。这些因素包括但不限于家具和玩具的边角过于锐利，玩具颗粒过小容易被儿童误吞，游戏设备和器具陈旧老化，操作工具的设计不适合学前儿童使用，活动场地过于狭小，以及户外活动地面不平整等。这些隐患都可能对学前儿童的安全构成威胁，因此需要家长和其他监护人时刻保持警惕，确保儿童在一个安全的环境中成长。

（五）托幼机构规章制度不齐全或执行不到位

一方面，当前大多数托幼机构虽已制定了门卫制度、饮食卫生制度等安全规章制度，但这些制度仍有待完善。一个健全的托幼机构安全规章制度应当涵盖意外伤害发生前的预防制度，同时也应包含意外伤害发生后的处理制度，如急救措施、处理备案等，包括安排专门人员、建立紧急联络的电话号码簿、规划运送路线、配备急救物品等，以确保在紧急情况下能够迅速有效地应对。

另一方面，安全规章制度的执行力度尚显不足。例如，幼儿园虽然普遍设有严格的门卫制度，但在实际操作中，却未严格要求来访者必须证明身份方可入园，这已成为近年来园内发生重大恶性意外伤害事故的主要原因之一。因此，加大安全规章制度的执行力度，确保制度得到切实遵守，对于保障学前儿童的安全至关重要。

◆ **请您思考**

学前儿童意外伤害的产生,除了前述五个方面原因,还有无其他原因?

四、学前儿童意外伤害的初步判断

学前儿童遭遇意外伤害时,需要急救处理的主要是那些直接危及生命或虽不会立即致命但较为严重的伤害。急救处理的首要原则是挽救生命,首要关注点是受伤儿童的呼吸和心跳是否稳定。若儿童心跳、呼吸异常,出现即将停止或刚刚停止的迹象,当务之急是立即采取急救措施,以恢复其自主呼吸和心脏正常搏动,确保血液供应。常温下,呼吸和心跳完全停止超过4分钟,生命便处于极度危险之中;若超过10分钟,患儿复苏的难度将大大增加。因此,一旦患儿的呼吸和心跳出现严重问题,必须立即进行急救处理,而不能等待送医后再进行抢救,否则很可能造成不可挽回的后果。

婴幼儿伤害紧急处置提示

1. 日常加强工作人员的急救知识培训,掌握基本急救技能。

2. 发生严重婴幼儿伤害时,立即呼救并拨打120急救电话。等待救援期间,密切关注婴幼儿的生命体征,在掌握急救技能的前提下先予以现场急救。

3. 非严重婴幼儿伤害可先自行处置,并根据伤害情况决定是否送医。

4. 通知监护人。

资料来源:《托育机构婴幼儿伤害预防指南(试行)》(国卫办人口函〔2021〕19号)

五、学前儿童意外伤害的一般处理

（一）迅速克服伤害发生后的恐慌心理

这里有一个既简单又极为实用的技巧：深吸一口气后，轻轻闭上双唇，再缓缓将气息呼出。当你尝试这样做时，你会惊奇地发现，自己的思维变得更加清晰，行动也更为精准。而且，这一环节所需的时间极短，甚至可以巧妙地与接下来的两个环节并行进行，毫不影响效率。

◆ 请您思考

现场参与急救的人员恐慌心理的克服，对于学前儿童意外伤害的处理，是否重要？

（二）确保现场环境安全

当意外伤害发生时，救助者（通常是成人）必须迅速评估现场的基本状况，以确定是否存在潜在风险。如果现场存在风险，应立即将受伤者转移至安全区域；若现场环境安全无虞，则应立即就地展开救治，以确保患者得到及时有效的医疗援助。

（三）及时进行儿童伤势检查

我们首先要检查伤者的神志是否清醒，这可以通过轻拍肩膀、轻轻掐捏皮肤以及与其进行简短的对话等方式来实现。伤势检查通常仅需一两分钟的时间。这样的主动行动不仅能让检查者自己保持冷静和自信，同时也能给予受伤的孩子以安抚和信心。

经伤势检查，如果发现儿童身上的伤害并不严重，只需进行简单的处理即可，那么后续环节便无须继续；如果伤害较为严重，需要由专业医护人员进行处理，则应立即进入后续的紧急救助环节。

伤势检查技巧

1. 头部：首先触摸整个头部，确认是否有肿块或伤口存在。

2. 肩部：按压左、右肩部，检查肩胛韧带的牢固性。

3. 锁骨：从上部依次按压两侧锁骨——因为锁骨骨折或脱臼经常会被忽视。

4. 手臂：触摸双臂——因为双臂承受了绝大部分的跌落冲击力，尤其是肘关节和腕关节部位。要求孩子活动双臂，比较左右臂的活动是否不同。

5. 胸部：从两侧同时按压肋骨。肋骨疼痛多数情况下意味着肋骨挫伤，而肋骨骨折的疼痛一般都弱于挫伤。

6. 腿部：检查双腿，注意膝关节和踝关节是否疼痛和肿大。比较双腿长度，若一腿短则意味着该腿骨折。将儿童裤子挽起，查找是否有擦伤。让其活动双腿，轻轻捏掐儿童腿部，检查其腿部感受刺激的能力。

资料来源：[德]扬科·冯·里贝克著；澄泉译.儿童急救应急指南[M].北京：求真出版社，2013：90-91.

（四）拨打120

在检查儿童伤势的同时，救助者需要迅速作出判断。如有必要，救助者本人或应迅速安排在场的其他人拨打急救电话120，并简明扼要、准确客观地

第一单元 学前儿童意外伤害概述

提供相关信息：描述事故发生的情况、受伤人数、具体发生时间、患儿当前的伤势状况。同时，询问在急救人员到达之前应采取的紧急处置措施，并准确说明患儿所在的具体位置，包括街道名称、标志性建筑物等详细信息。最后，务必留下呼救人的姓名和联系电话。总之，要确保迅速与最近的急救机构取得联系，以便及时得到专业的医疗救助。

◆ 请您思考

如何又快又准地拨打120？如何教会孩子拨打120？

（五）现场急救

当意外伤害发生后，急重症患儿在送往医院或等待120急救车到来之前，需要依赖现场目击者和在场的成人进行有效的急救措施。现场急救的主要目标是：挽救患儿生命、减轻其痛苦、降低伤情恶化和引发并发症的风险，并尽快将患儿安全地转运至医院。

通常，现场急救包括以下关键步骤：

（1）迅速消除导致伤害的危险因素：例如，迅速从水中救出溺水儿童；在触电情况下立即切断电源；清除患儿口鼻内的泥沙、呕吐物、血块或其他异物，确保呼吸道畅通。

（2）细致检查患儿的生命体征：评估患儿的神志状态、呼吸、心跳和脉搏等情况，并确定是否存在大出血、骨折等严重伤势。

（3）快速采取紧急处理措施：如患儿呼吸和心跳已经停止，应立即进行心肺复苏；设法止血；对于舌头后坠的患儿，应轻轻拉出舌头，防止窒息。

（六）转运受伤患儿

在患儿遭受意外伤害后，经过现场初步急救处理，如何安全搬运和转移患儿就显得尤为重要。不正确的搬运方式可能会使患儿的病情进一步恶化，甚至带来无法挽回的严重后果。为确保患儿在转运过程中的安全，并尽量减少意外情况的发生，需特别注意以下几点：

（1）对于心跳和呼吸已经停止的患儿，务必在进行有效的心肺复苏之后，再进行转运。

（2）若患儿因外伤陷入昏迷，其头部、颈部和躯干必须作为一个整体进行搬动，尤其要着重保护患儿的颈部区域。

（3）遭遇骨折的患儿，在搬运前需用木板、木棍等物品对骨折部位进行妥善固定，以防止骨折情况恶化或骨折断端刺伤血管与神经。

（4）对于有出血情况的患儿，特别是大出血的患儿，应优先进行止血处理。

（5）如患儿出现呕吐、昏迷等症状，应将其头部轻轻偏向一侧，以防止呕吐物阻塞气管，进而引发窒息危险。

（6）在转运过程中，尽可能随身携带一些紧急抢救设备和必备药物，以备不时之需。

（7）在整个运送途中，应尽量减少振动和避免产生过大的噪声，以确保患儿的舒适与安全。

六、现场急救人员须知

（1）保持冷静，发扬救死扶伤的精神，鼓起勇气，坚定信心，为伤者提供及时的帮助。

（2）在等待救护人员到来之前，对患者实施必要的急救措施，以减轻其痛苦并防止伤情进一步恶化。

（3）在患者身边仔细搜寻，看是否携带了急救药品、急救卡片或急救标识，这些信息有助于我们更好地了解患者的状况和救护要点。

（4）务必避免与患者的血液和体液直接接触，以减少被感染的风险。

（5）养成定期阅读急救手册的习惯，不断学习和更新急救知识，提高自己的急救能力。

（6）当自己无法确定如何处理时，拨打120急救电话是明智之举，他们的专业指导和帮助将为患者争取更多的生存机会。

技能训练

一、调查了解学前儿童意外伤害

我们将通过观摩托幼园所、教育实习等实践机会，对某一特定年龄段的学前儿童个体或某一群体进行深入调查，旨在全面了解他们所经历的意外伤害情况。调查内容将涵盖具体的意外伤害类型、其独特的表现特点、意外伤害的结果以及相应的应急处理措施，同时还会探究意外伤害发生的原因，并提出有针对性的建议，以期减少未来类似意外的发生。

大致流程如下：

（1）我们建议以4至6人为一组，以小组为单位共同策划和开展这项活动。

（2）小组成员应明确分工，有针对性地进行学前儿童意外伤害某一方面的调查和资料搜集工作，并随后进行整理。在此基础上，将各成员的调查结果进行汇总。

（3）最终需要形成一份关于学前儿童意外伤害的调查报告。该报告应满足以下要求：① 自拟一个恰当的题目；② 清晰地描述调查对象（学前儿童个体或群体）；③ 根据调查对象的不同（个体或群体），相应地展开论述，内容应包括但不限于前述说明的部分。

二、汇报交流学前儿童意外伤害

根据前面对学前儿童意外伤害情况的调查了解及调查报告，以小组为单位就学前儿童意外伤害进行汇报交流,在互通有无、交流信息的基础上,对学前儿童意外伤害产生更加全面的认识。

大致流程如下:

(1) 小组依次汇报。

(2) 每组汇报结束,其他与会人员就小组汇报情况(主要是汇报的具体内容)提出意见和建议,汇报人(或本汇报小组的其他成员)予以回应。

(3) 所有小组汇报及交流结束后,由汇报交流会的主持人(一般为授课教师)进行梳理总结,以进一步提升大家对学前儿童意外伤害的整体感知水平。

单元小结

本单元详细介绍了学前儿童意外伤害的定义、普遍特征、具体表现,以及产生这类伤害的原因;同时,还阐述了如何对学前儿童意外伤害进行初步判断和一般处理。值得注意的是,虽然意外伤害的发生通常在意料之外,但我们仍有很大的预防空间。此外,某些情况对学前儿童可能构成意外伤害,但对成人来说却未必如此。因此,我们需要全面理解意外伤害的概念,并重点关注学前儿童意外伤害产生的多方面原因及其一般处理流程。为了更全面地认识学前儿童意外伤害,学习者应灵活运用所学知识,不仅要深入调查了解这类伤害,还需进行进一步的汇报和交流。

思考练习

1. 概念解释:学前儿童意外伤害。

2.解释说明学前儿童意外伤害的发生特点。

3.分析说明学前儿童意外伤害的产生原因。

4.简述学前儿童意外伤害的一般处理流程。

5.联系一所幼儿园,调查了解该幼儿园全体大班幼儿或某一班级大班幼儿自己所经历的意外伤害情况,并形成调查报告。

第二单元
学前儿童意外伤害常见结果及其急救

情境导入

"意外伤害发生后,我们更需要的是坦然面对!"

为了有效预防学前儿童意外伤害,家长、托幼园所、社会以及国家等各方在各自职责范围内采取了一系列预防措施。然而,即便如此,意外伤害仍时有发生。面对学前儿童意外伤害的突发情况,我们是否应当惊慌失措呢?答案显然是否定的。一位长期专注于学前儿童意外伤害研究的高校专家指出:"意外伤害的发生固然令人痛心,但过度恐慌只会雪上加霜。我们需调整心态,以平和的态度面对,并积极主动地采取应对措施。"他常常抓住机会向他人传达这一理念。

那么,我们如何更好地面对这种不幸的意外呢?了解学前儿童意外伤害可能出现的常见结果,无疑是帮助我们保持冷静的关键。这些常见结果并非仅限于学前儿童意外伤害,故意伤害、疾病等情况也可能导致相似的后果。此外,我们还应明确,这些结果与下一单元将探讨的多种意外伤害类型并非同一概念,不应混淆。

第二单元　学前儿童意外伤害常见结果及其急救

通过本单元的学习，您将能够了解学前儿童意外伤害的常见结果及其应对方法，从而在面对意外时更加从容不迫。

单元学习目标

◆ 知识目标

1. 能解释说明出血的种类；

2. 能清晰描述学前儿童鼻出血、舌出血、嘴唇出血、牙龈出血、眼出血、耳朵出血、头皮裂伤出血出现后应急处理的一般流程；

3. 能清晰描述学前儿童一般伤口、头部伤口、手指伤口、膝部伤口处理的一般流程；

4. 能清晰描述学前儿童软组织损伤的症状表现及应对处理措施；

5. 能解释说明学前儿童骨折的类型与症状表现；

6. 能解释说明学前儿童脱臼的原因与症状表现；

7. 能清晰描述学前儿童窒息的原因、症状表现及预防措施；

8. 能解释说明学前儿童昏迷的原因；

9. 能解释说明学前儿童晕厥的原因及症状表现；

10. 能清晰描述学前儿童休克、惊厥的原因；

11. 能解释说明学前儿童脱水的预防、应急处理措施；

12. 能清晰描述学前儿童颅脑损伤的原因、症状表现。

◆ 技能目标

1. 能根据不同情况对外伤出血的学前儿童进行加压包扎、指压止血、止血带止血；

2. 能对锁骨骨折、颈椎骨折、腰椎骨折、腕部或小臂骨折患儿进行现场急救处理；

3. 能对肩关节脱臼、牵拉肘、手指脱臼、颚部脱臼患儿进行现场急救处理;

4. 能对窒息、昏迷、晕厥、休克患儿进行现场急救处理;

5. 能对高热惊厥患儿进行现场急救处理;

6. 能初步对颅脑损伤、胸部外伤、腹部外伤患儿进行紧急救治。

◆ 思政目标

1. 培养精益求精、严谨细致的工作（学习）态度;

2. 激发对知识的强烈渴求，培养解决问题时坚定自信和积极的态度。

基础知识

一、出血

不少意外伤害都可引起不同程度的出血，而学前儿童的血液量较少，如在短时间内失血过多，超出人体血液量的1/3，就会危及生命。

（一）出血的种类

（1）毛细血管出血——血液像水珠样渗出，血色鲜红，多能自己凝固止血，没有多大危险。

（2）静脉出血——血色暗红，血液徐徐均匀地持续流出，较动脉出血易止血。

（3）动脉出血——血色鲜红，呈节律喷射状，短时间可大量失血，危险性大。大动脉出血可在短时间内导致休克甚至死亡。当出血量达到全身血容量的1/2时，可能引发死亡。

上述三种类型的出血见图2-1。

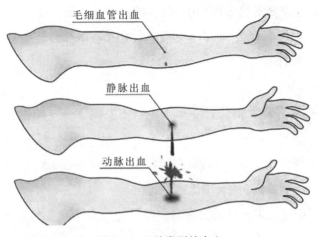

图 2-1 三种类型的出血

（4）皮下出血——皮下软组织形成血肿、瘀斑，一般外用活血化瘀的药，不久即可痊愈。

（5）内出血——深部组织或内脏损伤所引起的出血，对病人生命的威胁很大，应立即送医院抢救。症状有脸色苍白、出冷汗、手脚发凉、呼吸急促、心慌、脉细弱等。

◆ 请您思考

只要没有血液流出，就说明学前儿童的伤害并不严重，无须大惊小怪，这种说法对吗？为什么？

（二）身体常见部位（器官）出血

1. 鼻出血

鼻出血在学前儿童中较为常见，这主要是因为鼻中隔靠前部的两侧各有一个小血管区，这一区域在学前期由于黏膜较为柔嫩，非常容易因破损而出血，因此也被称为"易出血区"。一般而言，导致鼻黏膜破损出血的主要因素包括：外伤（如碰触、击打鼻部或抠挖鼻孔等）、鼻腔黏膜过度干燥（可能由外界空气干燥或饮食不当等原因引起)、内科疾病(如风湿热、疟疾、伤寒、麻疹等)和血液疾病(如白血病、血友病、血小板减少性紫癜),以及维生素C、K、B等营养素的缺乏。

(1)处理步骤。

① 安慰儿童不要紧张,安静地坐着,不要躺下,头略微向前低,用口呼吸;

② 弄清哪侧鼻出血,用消毒棉球蘸1%的麻黄素或0.5%的肾上腺素塞进出血侧鼻腔,也可用干净的餐巾纸塞鼻;

③ 成人帮助捏住患儿的鼻翼两侧,10分钟左右可以止血;

④ 压迫5～10分钟后松手,看看是否已止血,如继续流血,再重复压迫5～10分钟;

⑤ 在压迫止血的同时,使用冷水轻拍或冷敷前额、鼻部和颈后部,以促使鼻腔小血管收缩,进而减少出血量;

⑥ 若经上述处理后仍然出血,应立即送医院处理。

儿童鼻出血简易处理见图2-2。

图2-2　儿童鼻出血简易处理

（2）注意事项。

① 儿童鼻出血止血后，2~3小时内避免剧烈运动，以免再次出血；

② 出鼻血后，切忌头后仰止血，因为这样血会流到鼻腔后方、口腔、气管甚至肺部，不仅无益于止血，还有可能引起气管炎、肺炎，严重时可导致气管堵塞，呼吸困难，甚至危及生命；

③ 压迫鼻翼止血后，应让患儿将嘴中的"口水"吐出，如吐出的仍有鲜血，说明仍在出血（有可能是鼻后部出血，一般的简易处理很难止血），需要赶紧送往医院处理。

◆ 请您思考

学前儿童鼻出血时，如何向救护人解释"为什么不能头后仰止血"？又怎样清晰说明正确的处理方式？

2. 舌出血

（1）原因。

儿童舌头出血的诱因多种多样，可能源自创伤、口腔溃疡或出血性疾病等。

① 创伤：由于舌头部位的血管密集，当儿童舌头遭受外力撞击或咬伤时，血管容易破裂，导致出血。特别当创伤较重时，大血管破裂的风险增加，可能会引发持续流血。

② 口腔溃疡：口腔溃疡作为一种常见的口腔问题，若病灶位于舌部，可能会诱发舌头出血。

③ 出血性疾病：某些血液疾病，如血小板减少性紫癜或血友病，同样可能导致儿童舌头出血。

除了上述常见原因外，还可能存在其他诱因，如过敏反应、感染等。

（2）应急处理。

当儿童因创伤导致舌出血时，救助者需小心地将舌头拉出，避免儿童进一步受伤害。若创伤较小，应使用无菌纱布轻轻压迫出血部位，并持续按压至少5分钟，以确保止血效果。同时，务必保持局部的清洁卫生，避免食物残渣残留，以防引发感染。

若出血量较大，应立即进行清创处理，清除伤口周围的污染物和异物，并尽快将儿童送往医院接受专业医生的缝合处理。在送医过程中，持续压迫止血，以确保出血得到控制。

3. 嘴唇出血

（1）原因。

儿童嘴唇出血可能是由外伤、过敏性紫癜、唇炎、血小板减少性紫癜或血管瘤等原因导致的。

① 外伤：儿童在玩耍时如果不慎摔倒，嘴唇可能会受到撞击，从而导致出血。

② 过敏性紫癜：过敏性紫癜是一种涉及皮肤和其他器官细小动脉及毛细血管的过敏性血管炎，可能与感染、遗传等因素有关。患者可能出现皮疹、腹痛、关节肿痛等症状，同时可能伴有嘴唇出血。

③ 唇炎：唇炎是唇部炎症性疾病的总称，病因复杂，可能与长时间慢性刺激有关。患者可能出现嘴唇干燥、脱屑、肿胀、渗出等症状，也可能出现出血。

④ 血小板减少性紫癜：这是一种免疫性综合性疾病，因体内血小板减少导致凝血功能异常，表现为皮肤瘀斑、牙龈出血、鼻腔出血等，嘴唇出血也是其可能的症状之一。

⑤ 血管瘤：血管瘤是血管内细胞增生引起的疾病，主要表现为皮肤颜色及形态改变，如红肿、温度升高，甚至流血。当嘴唇部位的血管瘤破裂时，也可能出现出血现象。

（2）应急处理。

对于因外伤引起的嘴唇出血，如果出血量较小，通常无须特殊处理，仅需使用碘伏对伤口局部进行消毒即可。一般情况下，通过轻轻按压流血部位的两侧，可以有效止血。若出血量较大或情况较为严重，建议及时就医治疗，并可能需要医生对伤口进行缝合处理。

4. 牙龈出血

（1）原因。

一般情况下，儿童牙龈出血可能是外伤、牙龈炎、白血病等原因引起的。

① 外伤：吃过于坚硬的食物可能会刺伤牙龈，引起牙龈外伤，或者磕碰、摔到牙齿等，都会导致牙龈流血。

② 牙龈炎：口腔不洁、牙结石堆积可能会诱发牙龈炎，长期炎症刺激会导致牙龈异常出血。

③ 白血病：儿童患有白血病，可能会引起牙龈局部出血。

④ 营养不良。

（2）应急处理。

一般来说，外伤导致的牙龈出血是可以止住的。出血的儿童需要咬住一个卷起的纱布垫，通过施加压力达到止血效果。如果出血量较大，建议及时就医。

5. 眼出血

一切眼伤都有潜在的严重危险，可能对视力造成永久伤害。

（1）原因。

① 眼睛受伤：儿童在玩耍或碰撞过程中，可能会发生眼部受伤的情况，如撞击、刮伤或异物不慎进入眼睛，这些都可能导致眼部出血。

② 眼部感染：儿童有时可能患上眼部感染，如结膜炎或角膜炎。这些炎症会导致眼部血管扩张，进而引发眼睛出血。

③ 眼压增高：在某些情况下，儿童可能出现眼压增高的情况，如青光眼。眼压升高可能会对眼部血管造成损伤，导致眼睛出血。

除了上述相对常见的原因外，还有一些其他可能的原因，如血液疾病、药物副作用以及出血性疾病等，也可能引起眼睛出血。

（2）应急处理。

对于因外伤导致的眼部出血，救助者应采取以下措施：

① 帮助患儿平躺，并尽量稳定其头部，告知患儿保持双眼不动，避免进一步遭受伤害。

② 使用无菌敷料轻轻捂住受伤的眼部。如果等待医疗人员救治需要一定时间，应用绷带妥善固定敷料，确保其不会脱落。

③ 如果伤势较轻，仅限于眼球结膜下的轻度出血，可以考虑不去医院就医。此时，可以对局部进行冷敷，并涂抹红霉素眼膏以预防感染。如果伤势较为严重，应立即安排患儿前往医院接受专业治疗。

◆ 请您思考

眼部有血丝，是否为学前儿童眼受伤的重要症状表现？

6. 耳朵出血

（1）原因。

儿童耳朵出血可能由多种原因造成，包括气压变化、外伤以及外耳道疖肿等疾病。

① 气压变化：当儿童经常乘坐飞机时，耳内气压可能会发生变化，这在一定程度上可能损伤耳道组织，导致流血。

② 外伤：儿童在进行剧烈运动时，耳朵可能会受到损伤，严重时可能导致鼓膜破裂，进而出现流血现象。此外，儿童若受到外力撞击，也可能导致局部组织受损并伴随出血。

③ 外耳道疖肿：这通常是由局部组织受到细菌感染所致，会导致组织充血肿胀，严重时可能出现破裂出血。

④ 中耳炎：部分儿童耳朵流血可能与中耳炎有关，这主要是由致病菌，特别是细菌，入侵中耳引起的。

(2)应急处理。

儿童耳朵流血的常见原因之一是外伤导致的出血。当出血量较少时，建议暂时观察。如果出血量较多或出现明显活动性出血，建议采取适当的压迫止血措施，这通常能有效地控制大部分流血。但如果出血量较大或伤口较大，建议及时进行清创处理，并尽快送医救治，以确保得到专业的医疗帮助。

7. 头皮裂伤出血

头皮裂伤往往是所有创伤中出血量最多的类型之一。尤其是学前儿童，他们更容易因跌倒而受伤，其中头皮裂伤出血尤为常见。虽然头皮裂伤通常伴随大量出血，但在大多数情况下，这种情况并不构成严重危险。然而，为了预防意外情况，建议在对伤口进行初步绷带包扎后，尽快将伤者送往医院接受进一步的检查和治疗。

（三）止血方法

常见的止血方法有以下三种。

(1)加压包扎法：使用清洁的纱布或棉花等材料，折叠成略大于伤口的垫子，覆盖在伤口上。接着，使用三角巾或绷带进行包扎，并尽量抬高受伤部位。这是最常用的止血手段，但请注意，对于嵌入异物或骨折断端外露的伤口，不宜直接进行加压包扎。

(2)指压止血法：此方法适用于动脉或静脉出血。用拇指紧压在出血血管的上端（即靠近心脏的一侧），以压迫血管，阻断血流。这是一种临时性的止血方法，不宜长时间使用。

(3)止血带止血法：首先，抬高受伤的上肢，以促进静脉血液回流。找准出血点后，在止血带（如橡皮管、宽布条等，禁止使用铁丝、电线、绳索等）与皮肤之间垫上垫子，然后将止血带扎在伤口的近心端，接近伤口但不过紧，松紧程度以远端摸不到脉搏为宜。这种方法适用于加压包扎法无法有效止血的情况，特别是四肢动脉损伤时。请注意记录使用止血带的时间，并每隔50分钟放松3至5分钟，以避免长时间压迫导致的组织损伤。

◆ 请您思考

对于学前儿童来说,有无最优的止血方法?

(四)伤口的处理

外伤造成的伤口容易让外界细菌、异物侵入,从而引发感染。因此,处理伤口时,既要止血,又要进行清创以防止感染。在处理前,需仔细评估伤口的位置、大小、污染程度,以及血管、肌肉、肌腱等组织的损伤和骨折情况。

1. 一般伤口的处理

对于浅表的伤口,且没有血管、神经损伤的,止血相对容易。首先用生理盐水冲洗伤口,然后用75%的医用酒精消毒伤口周围的皮肤(避免酒精直接接触伤口),最后用无菌敷料包扎。若条件有限,也可用洁净的布条、毛巾或衣物等压迫伤口,并尽快就医。

2. 头部伤口的处理

头部受伤后,应迅速用无菌纱布或洁净的布条压迫止血。若出血较多,需用手持续按压直至止血。处理步骤如下:

(1)用消毒水清洗伤口,去除异物,并用纱布或吸血垫覆盖伤口,轻轻挤压周围使创口闭合,减少出血。

(2)保持按压约10分钟,当出血减缓时,可在原先的纱布或吸血垫上再加盖一层。

(3)用绷带围绕头部包扎伤口,确保固定但不过紧。若伤口在前额,绷带应绕至枕骨粗隆以下,以防滑落。

(4)若伤势严重,应立即送往医院。

3. 手指伤口的处理

手指受伤后,需先清创,然后用创可贴包扎,以止血消炎。包扎时不宜过紧,应螺旋形缠绕手指。处理流程如下:

(1) 用消毒水冲洗伤口，确保清洁。
(2) 用纱布或吸血垫覆盖伤口，并轻轻按压10分钟使伤口闭合。
(3) 抬起手指以减少出血。
(4) 再加一层纱布或吸血垫，并用胶布或胶带固定。
(5) 若伤口较大或存在感染风险，应尽快就医。

4. 膝部伤口的处理

处理膝部伤口时，需保持膝部伸展，便于清洁和包扎。处理流程如下：
(1) 保持膝部伸展。
(2) 用消毒水清洗伤口，确保无异物残留。
(3) 用纱布或吸血垫覆盖伤口，并用手指轻轻挤压10分钟使伤口闭合。若需要，可再加一层纱布或吸血垫。
(4) 用绷带围绕膝盖进行包扎，确保膝部伸直，以促进伤口愈合。

◆ 请您思考

总体来说，头部伤口是相当严重的伤口，而像手指伤口、膝部伤口，一般均无大碍，是这么一回事吗？为什么？

二、软组织损伤

儿童软组织损伤是指儿童的软组织、肌肉或骨骼受到直接或间接强烈撞击而出现微循环障碍的无菌性炎症。学前儿童轻微的软组织损伤可以自愈，严重的话甚至会致残。

（一）症状表现

学前儿童软组织损伤的症状主要包括疼痛、软组织肿胀，甚至可能引发肌肉僵直。

（1）软组织损伤的首要症状是疼痛。这种疼痛可以从损伤初期持续到损伤恢复阶段。损伤时，血肿压迫神经、血管或炎症刺激，会引起疼痛；而在损伤后期，疼痛则可能源于损伤后软组织恢复过程中形成的瘢痕对神经的压迫。疼痛的程度和部位取决于损伤的严重程度和具体位置。

（2）肿胀是软组织损伤后的另一个主要表现。肿胀的一个原因是损伤导致的局部血管破裂，形成皮下血肿。较小的肿胀通常可以被人体自行吸收，无须过多关注；而较大的肿胀则需要医疗手段的介入，以避免可能出现的纤维化或肌肉粘连。此外，肿胀还可能由损伤引起的血管壁渗透性增强导致，使得大量组织液渗出，从而形成肿胀。

（3）严重的软组织损伤还可能导致功能障碍或肢体畸形。通常，肌肉、肌腱的断裂粘连、缺血性挛缩等，引发肌肉僵直，最终导致功能障碍。

（二）应对处理

1. 保守治疗

（1）休息：儿童发生软组织损伤后，应适当休息。对于年幼无法站立的儿童，建议卧床休息，并在他人的协助下进行必要的活动。

（2）冷敷：儿童软组织损伤后，局部组织会出现充血和水肿。在损伤发生后的24小时内，建议进行冷敷处理。可以用毛巾包裹冰袋轻轻放置在受伤部位，这样做有助于消肿止痛。24小时后，可改为热敷以促进局部血液循环。

（3）热敷：儿童软组织损伤超过24小时后，可使用热敷方法进行治疗。热敷有助于促进局部淤血的消散，缓解疼痛感。

（4）加压包扎：儿童软组织损伤后，可以使用弹力绷带或普通绷带进行加压包扎。这种方法有助于保护受伤的软组织，减轻水肿，促进恢复。

（5）药物治疗：根据医生的建议，可以选用外用药膏进行治疗，如双氯芬酸二乙胺乳胶剂、云南白药气雾剂等。请务必按照医生的指示使用。

2. 手术治疗

若儿童软组织损伤的范围广泛，伴有显著肿胀、疼痛及活动受限等症状，可能存在骨折风险。此时，建议及时前往医院接受X片检查。若确诊为骨折，通常需要积极采取复位和固定措施，治疗方法包括切开复位内固定术、闭合复位内固定术等，以确保骨折部位得到妥善修复。

3. 生活护理

在日常生活中，务必保证充足的休息和睡眠，避免熬夜。同时，保持饮食清淡，尽量避免食用膨化食品、冰淇淋等零食。建议多摄入富含蛋白质和钙质的食物，如鸡蛋、牛奶等，以补充身体所需的营养，有助于病情的恢复。在康复阶段，可逐步进行康复训练，并在必要时，根据医生的建议进行功能锻炼，以促进身体的全面恢复。

三、骨折

学前儿童在意外伤害中，四肢骨折尤为常见。骨折处理的准确性和及时性对骨折的愈合至关重要。若处理不当，不仅可能导致肢体功能受限，甚至可能引发残疾，极端情况下还可能危及生命。

（一）类型与症状

根据外伤暴力的程度，骨折在临床上可分为闭合性骨折和开放性骨折。闭合性骨折指的是皮肤表面未受损，不与外界相通；而开放性骨折则是骨折处皮肤受损，与外界相通。

学前儿童骨折时，常伴随剧烈的疼痛，骨折的肢体功能丧失，骨折部位肿胀、畸形。对于复杂性骨折，除了上述症状外，还可能伴有血管、神经、肌肉的损伤，导致出血、骨折远端以下肢体麻痹等严重后果。

另外，学前儿童发生"青枝骨折"后，疼痛可能并不明显，肢体仍能活动,因此容易被忽视。然而,若不及时处理,骨折自愈后可能会引起畸形,影响儿童的正常生长发育。

儿童骨折的特点和初步判断

儿童骨折与成人骨折不同,儿童骨组织比较柔韧,在外力的作用下容易造成青枝骨折,而不是完全断裂。就如同枯树枝容易折断,而嫩枝富有弹性,里面断了,表皮还连在一起。所以,有时儿童的踝骨断了,外表却看不出来,只是有些肿痛,数小时后才会出现瘀斑。同样,手腕骨折当时也有可能不被发现。有时,儿童在玩球时,由于接球用力,指骨也可能断裂,当时只有一点肿胀,过后才会出现瘀斑。儿童在玩耍时,有时会将脊椎骨摔断,但从外表看不出伤痕,孩子只在弯腰跑跳时才会感到疼痛。所以,一般而言,孩子摔跌或受到撞击后,如出现持续疼痛、肿胀或瘀斑,应考虑是否为骨折。

资料来源:薛元坤.农村儿童意外伤害的防治[M].北京:人民卫生出版社,2011:1.(有删改)

(二)急救处理

(1)在急救过程中,首要任务是迅速止痛、止血,并防止休克的发生。切勿盲目搬动患儿,特别是受伤的肢体,以免导致骨折移位、血管或神经受损,进而引发大出血,甚至将闭合性骨折转变为开放性骨折。

(2)一旦确定骨折为闭合性,应尽快使用绷带和夹板进行固定。确保骨折处上下关节都被固定稳固。对于上肢骨折,应采取屈肘固定的方式;对于下肢骨折，则应采用直肢固定的方法。注意绷带不宜绑得过紧，固定时间也不应过长。若遇到开放性骨折，在固定之前应先止血，对创面进行消毒处理，并用无菌纱布覆盖外露的骨头，随后再用夹板固定，并及时送往医院进行治疗。

（3）送往医院的时间应尽量控制在 3 小时以内，因为在这个时间段内，局部尚未发生严重的组织水肿，有利于骨折的复位和急救处理。

（4）对于不同部位的骨折，需要采取特定的处理措施。

① 锁骨骨折。

学前儿童较易遭遇锁骨骨折，其症状包括局部疼痛、肿胀以及拒绝被抱持。在这种情况下，建议采用"8"字形绷带进行固定，并随后将患儿送往医院进行详细检查。

图 2-3 所示为儿童锁骨骨折示意图。

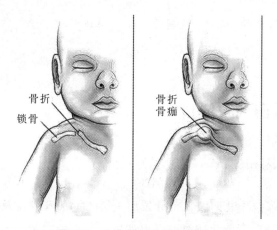

图 2-3　儿童锁骨骨折示意图

② 颈椎骨折。

在处理颈椎骨折时，应先在颈下垫一小枕，以维持颈椎的自然生理弯曲。随后，在小儿头部的两侧各垫一小软枕，以确保头部稳定，避免晃动。

③ 腰椎骨折。

在处理腰椎骨折时，必须严禁采用"搬头搬脚"的方式移动小儿。几名救护者应确保动作协调一致，轻轻地将小儿抬到硬担架上，使其保持平卧位。

随后，使用宽带将小儿牢固地固定在担架上，确保在送往医院的途中尽量平稳，严禁使用软担架进行搬运。

④ 腕部或小臂骨折。

这类骨折在儿童中较为常见，通常由于儿童在跌倒时用手和胳膊进行支撑而发生。在处理这类骨折时，可以采用三角巾进行有效固定。首先，将三角巾的一端从受伤胳膊下方穿过，直至三角巾的另一顶端达到手肘高度。接着，将三角巾的另外两端从伤者的脖子两侧绕过，并在背后系紧，形成一个稳固的支撑。在此过程中，确保三角巾拉紧，使前臂保持水平，避免下垂，以确保所需的稳定性。最后，用三角巾的另一顶端将手肘包裹起来，并将多余的边角塞入三角巾内部，以确保固定效果。

◆ 请您思考

所谓"伤筋动骨一百天"，是否主要指前述的软组织受伤、骨折等，会给学前儿童带来较长时间的不便影响？为什么？

四、脱臼（脱位）

（一）原因和症状

过度用力牵拉小儿四肢，常导致肩关节、肘关节脱位及桡骨小头半脱位（也被称为牵拉肘）。这些情况下，局部活动会受到限制，主动或被动活动时均会感受到局部疼痛。脱位的关节会出现变形，例如肩关节脱位时，肩部外形失去原有的膨胀凸起，变得平坦，患侧手无法触及对侧肩峰；肘关节脱位则表现为鹰嘴突向后凸起，并可能向内或向外偏离正常踝水平线；而桡骨小头半脱位时，肘关节的屈、伸功能正常，但无法进行后旋动作，且伴随剧痛。常见症状包括：

（1）疼痛。儿童脱臼后，通常会感受到剧烈的疼痛感。这是由于关节错位,关节周围的组织受到过度牵拉和挤压,从而触发疼痛反应。疼痛的程度因脱臼的严重程度和儿童的个体差异而异。

(2)肿胀。脱臼发生后,关节周围的软组织可能会受损,进而引发炎症反应和渗出液的积聚。这会导致局部出现明显的肿胀,使得患处外观显著隆起,有时甚至可以触及肿胀的组织。

(3)关节功能障碍。儿童脱臼后,关节的正常运动功能会受到严重影响。由于关节错位,关节表面无法正确接触,导致关节功能受损。患处可能出现关节僵硬、活动受限、运动不顺畅或异常的关节动作等症状,影响儿童的日常活动和生活质量。

除以上相对常见的症状外,还有其他可能的症状:

(1)肌肉紧张或痉挛。脱臼带来的剧烈疼痛刺激可能导致周围肌肉出现紧张或痉挛的现象,这不仅会加重疼痛感,还可能进一步加剧关节的功能障碍。

(2)活动障碍。脱臼发生后,儿童在脱臼关节附近的肌肉或骨骼部位可能会出现显著的活动障碍。这是疼痛、肿胀以及关节功能受损等多重因素共同作用的结果。

(3)紫绀或肤色改变。在严重的脱臼情况下,由于关节错位导致血液供应受阻,这可能会引发皮肤出现紫绀或肤色改变的症状,这通常表示需要紧急的医疗干预。

(二)处理

1. 一般治疗

当儿童发生脱臼时,首要任务是避免移动受伤关节,切勿随意测试其功能是否受损。应立即寻求专业医疗帮助。若皮肤有破损,应使用清水轻柔冲洗,去除表面污垢,并用无菌纱布妥善包扎伤口,以防止感染。

2. 复位与固定

一旦确诊为关节脱位,应由专业医生进行关节复位操作。通常可采用闭合手法复位法将关节恢复到正常位置。复位后,需使用石膏、夹板等器材进行固定,以促进关节周围的韧带、关节囊、软骨等组织的恢复。对于无法通过闭合手法复位的患者,可能需进行手术切开复位。

3. 药物治疗

若儿童脱臼后疼痛症状较为严重,可在医生的指导下,口服布洛芬混悬液、对乙酰氨基酚颗粒等药物,以缓解疼痛。

(三)常见脱臼的复位技巧

脱臼后,最为关键的处理步骤是复位,这一过程需要专业的技巧和操作。

1. 肩关节脱臼

在处理肩关节脱臼时,救护人员应先脱去鞋子,用脚部稳固地支撑在患儿的腋下,轻轻拖动脱臼的臂部,以帮助其复位。另一种方法是,将患儿的肘部弯曲至90度,作为杠杆,轻轻顶在关节窝处,以协助复位。复位成功后,应使用吊索支撑臂部,并用绷带将其与胸部妥善固定,以确保患儿能够舒适地休息。儿童肩关节脱臼(脱位)应急处理如图2-4所示。

正确处理方法

1.发生肩关节脱位,应用冰袋冷敷。

2.肩关节脱位的临时固定方法:找两条长毛巾或布带,用一条兜住伤肢前臂并挂在颈部;用另一条将受伤手的大臂固定于体侧,在没受伤的一侧腋下打结。

图2-4 儿童肩关节脱臼(脱位)应急处理

2. 牵拉肘

对于"牵拉肘"的处理，以右侧为例，救护人员应先将左手拇指置于患儿桡骨头外侧，右手则紧握患儿腕部的上部。随后，救护人员需缓缓地将患儿的前臂进行旋后动作，通常情况下，在旋后过程中，桡骨小头半脱位能够得到复位。

如果初次尝试未能成功复位，救护人员可稍微增加右手的牵引力度，使肘关节保持伸直并旋后的姿势。此时，左手拇指需用力向桡骨头方向施加压力，然后逐渐屈曲肘关节。在操作过程中，若听到或感受到轻微的"入臼"声响，通常意味着复位成功。

3. 手指脱臼

在处理手指脱臼时，应轻轻拽动患儿的手指，然后逐渐放松，以尝试使指骨复位。如果同时有人能够稳定地握牢患儿的腕部，这将有助于提升复位效果。然而，若此法尝试后未见效果，应立即停止操作，以避免导致更严重的损伤。

4. 颚部脱臼

颚部脱臼通常是由外力撞击或偶尔的哈欠动作引起的。在处理时，可以先在下牙上放置一块布作为衬垫，然后让患儿头部保持稳定。接着，用拇指轻轻向下按压衬垫，同时用其他手指帮助颚部向正确的位置前后转动。这样的操作通常能够使颚部突然复位。

◆ 请您思考

学前儿童比较容易脱臼吗？为什么？

五、窒息

窒息是一种紧急状况，指的是因呼吸道内部或外部障碍导致的血液缺氧状态。令人痛心的是，每年有超过2500名0至4岁的学前儿童因意外窒息而不幸离世，而更多的儿童则因此面临终身残疾的风险。

(一) 原因与症状

婴幼儿窒息的常见原因包括：被床上用品、成人身体或塑料袋等意外罩住口鼻，造成呼吸受阻；吸入或咽下食物、小件物品、呕吐出的胃内容物等堵塞气道；绳带等物品绕颈导致气道狭窄；长时间停留在密闭空间内，空气不流通导致缺氧。婴幼儿窒息常见因素如图2-5所示。

图2-5 婴幼儿窒息常见因素

(二) 预防

（1）将绳带、塑料袋、小块食物、小件物品等可能引发婴幼儿绕颈或窒息风险的物品放置在婴幼儿无法触及的安全位置。

(2) 在使用玩具、儿童用品前后，务必检查是否有零件、装饰物、扣子等破损、脱落或遗失，以避免婴幼儿误食或受伤。

(3) 仔细检查护栏、家具、娱乐运动设备，确保没有可能卡住婴幼儿头颈部的安全隐患，为婴幼儿提供一个安全的成长环境。

(4) 在橱柜、工具房等密闭空间设置有效的防护设施，防止婴幼儿误入并发生意外。

(5) 婴幼儿睡眠时，务必检查其口鼻是否被床上用品、衣物等覆盖，或周围是否有松软物体（如毛绒玩具）等可能引发窒息的隐患，并及时清理。

(6) 避免给婴幼儿喂食易引发窒息的食物；同时，在婴幼儿进食时保持环境安静，避免跑跳、打闹等可能分散儿童注意力的行为。

(7) 当婴幼儿在娱乐运动设备上玩耍时，加强看护，避免拉绳、网格等造成窒息。

◆ 请您思考

婴幼儿出现窒息，主要是由成人照护不周导致的吗？为什么？

（三）应急处理

窒息应急处理预案流程如图 2-6 所示。

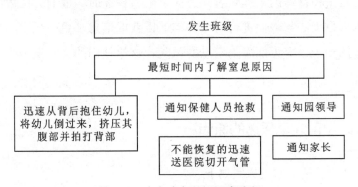

图 2-6　窒息应急处理预案流程

📚 **资料卡片**

过暖综合征对于婴幼儿而言，他们的父母或其他照护者都会给予他们无微不至的关怀。特别是在寒冷的天气里，为了防止他们受凉，会更加注重保暖。然而，保暖过度，如裹得过于紧密或盖得过于严实，也可能带来问题，甚至引发过暖综合征。

"过暖综合征的主要临床表现包括皮肤灼热、意识模糊、双眼无神、四肢僵硬、体温异常不升、血压下降以及嗜睡等症状。这种病症主要是由于保暖过度，导致环境过于封闭，从而造成慢性不完全性缺氧。此外，缺氧和大量出汗还可能引发一系列病变，直接损害脑神经。在严重的情况下，缺氧可能导致患者在1至2天内因心源性休克而死亡。

资料来源：高溥超，高桐宣.怎样让孩子远离意外伤害[M].合肥：安徽科学技术出版社，2006：25-26.（有删改）

六、昏迷

昏迷是一种特殊的生理状态，当孩子陷入昏迷时，他们无法表达自己的痛苦，成人也无法与他们进行有效的沟通以获取信息。更为严重的是，处于昏迷状态的孩子极有可能面临窒息的风险，这给他们的生命安全带来了极大的威胁。

（一）学前儿童昏迷的原因

学前儿童昏迷的常见原因如下。
（1）缺氧：例如窒息或溺水等。

（2）痉挛：发烧痉挛、癫痫发作等。

（3）创伤：例如脑创伤。

（4）低血糖：通常出现在注射胰岛素的糖尿病患儿身上。

（二）学前儿童昏迷的危险性

（1）昏迷状态下，吞咽反应、咳嗽反应、呕吐反应等重要的机体保护功能将会消退，舌头滑到咽部，使得引发窒息的风险大幅度增加。

（2）昏迷可能会引发呕吐，呕吐物在口腔、咽喉等部位也有可能导致窒息。

（三）应急处理

（1）请确保昏迷儿童保持稳定的侧卧姿势，确保口腔的位置低于胃部，以避免可能出现的呕吐物在咽喉部积聚，进而引发窒息。

（2）当婴儿处于昏迷状态时，应采用俯卧姿势，即让孩子腹部朝下，形成俯卧的姿势，并将头部侧向一边，稍稍向后倾斜，两只手臂自然向上放在头部的两侧。具体姿势可参考图2-7。

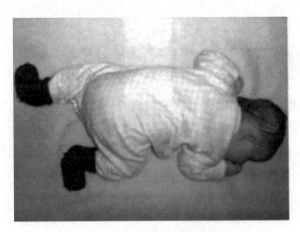

图2-7　婴儿俯卧姿势图

（3）检查呼吸：首先要留意昏迷儿童口中是否有异物，一旦发现异物，应立即清除。随后，检查者轻轻抬起儿童的头部，将耳朵贴近儿童的鼻子和嘴巴，通过听觉和脸颊的触感来判断孩子是否还有呼吸。

（4）检查血液循环：对于幼儿园年龄段的孩子，检查者可以用两根手指轻轻触摸儿童的上臂内侧来感知脉搏。另外，也可以通过触摸颈动脉来检查脉搏，方法是利用两根或三根手指从喉部开始，沿着喉和颈部肌肉之间的深处位置稍微向内按压，即可感受到颈动脉的跳动。请注意，避免使用大拇指，因为使用大拇指触摸感受到的可能是检查者自己的脉搏。

七、晕厥

短时间大脑供血不足而失去知觉，突然昏倒在地，即为晕厥。

（一）原因与症状

晕厥通常由于长时间站立、空气闷热、精神紧张或疼痛等原因触发。然而，除了这些常见原因外，儿童突然晕厥还可能由癫痫、低血压、脑膜炎等其他因素引起。在晕厥发生前，孩子往往会出现短暂的头晕、恶心、心慌以及眼前发黑等症状。同时，他们可能面色苍白、四肢冰凉，并伴有冷汗。一般来说，经过短暂的休息和脑部血液循环的改善，孩子能够逐渐恢复正常。

与前述的昏迷状态相比，晕厥的持续时间较短，它通常是由暂时的血液循环障碍导致的。当晕厥的儿童处于平躺状态时，大脑能够得到充足的血液供应，从而帮助他们恢复意识。

（二）急救处理

（1）小儿平卧，头略低，脚略高。

(2) 解开衣领，松开裤带。

(3) 小儿清醒后，可喝一些温热的含糖饮料。

八、休克

休克是一种全身性的危重病理过程，它发生在各种强烈的致病因素作用下，导致机体循环功能急剧下降，组织器官的微循环灌流严重不足。这种病理状态会导致重要生命器官的功能和代谢出现严重障碍，对生命构成严重威胁。

（一）儿童休克的常见原因

（1）失血：无论是可见的外出血还是不可见的内出血，当伤口导致血液循环系统内的血量减少、血压降低时，人体的重要器官如大脑和心脏将面临供血不足的严重威胁。

（2）脱水：当儿童同时经历腹泻、呕吐或发烧时，体液会迅速流失。与成人相比，儿童的体液含量更不稳定，对脱水的耐受度更低。例如，一个婴儿在24小时内需要摄入约其体重1/6的液体量。当脱水达到一定程度时，也可能导致儿童休克。

（3）过敏性休克：过敏反应的严重程度不同，其后果也各不相同。轻度过敏反应通常表现为短时间内皮肤上的红斑，而重度过敏反应则可能引发危及生命的血液循环供应障碍。例如，过敏体质的儿童在遭遇蜜蜂或马蜂的蜇咬后，可能会出现过敏性休克。

（4）精神性休克：在极少数情况下，遭受严重精神创伤（如事故）的个体也可能出现休克症状。

（5）烧烫伤引起的休克：大面积的烧烫伤伤口会导致体液大量流失，进而可能引发休克。

（6）感染性休克：当病人出现严重感染的并发症时，也可能面临威胁生命的休克风险。虽然这种情况在儿童中较为罕见，但仍需引起高度重视。

（二）应急处理

（1）将儿童以正确的休克体位安置：确保双腿抬高以保持高位，这样可以使放低的头部（脑部）得到充足的血液供应。通过抬高腿部，血液能够流向身体躯干内的重要器官。

（2）注意保暖。休克病人容易感到寒冷，特别是大量出汗导致体温下降，因此要确保他们得到足够的保暖。

（3）成人应陪伴在儿童身边，同他交谈以分散注意力，同时轻抚他的身体或者握住他的手以给予安慰。

（4）特别需要注意：休克病人在正常情况下神志是清醒的。而在前述的昏迷状态下，虽然患者的呼吸和血液循环仍然存在，但身体的一些重要神经反射可能会丧失。

◆ 请您思考

如何区分昏迷、晕厥、休克？学前儿童出现昏迷、晕厥、休克时，其应急处理方式有无相通之处？

九、惊厥（抽风、抽筋、抽搐）

惊厥是婴幼儿常见的紧急状况。在惊厥发作时，症状轻重不一。轻微者可能表现为眼球上翻、四肢微有抽动；而重症患儿则可能突然失去意识，两眼紧闭或半开，眼球上翻或斜凝视，同时出现牙关紧闭、口吐白沫、口角抽动、口唇发紫等明显症状。他们的面部及四肢，乃至全身肌肉会持续性强直、变硬，每次发作持续数秒至数分钟，之后进入昏睡状态。有些婴幼儿可能会反复发作惊厥，或单次发作持续时间超过30分钟。如未能得到及时有效的抢救和治疗，这种情况可能危及患儿的生命安全。

（一）发生惊厥的主要原因

（1）热性惊厥：因高热而引发的惊厥被称为热性惊厥，其初次发作常见于6个月至3岁的婴幼儿，通常在急骤高热后的12小时内发生。

（2）中枢神经系统感染：这类感染由细菌、病毒、寄生虫、原虫等病原体引起，包括脑炎、脑膜炎及脑脓肿等。

（3）全身性疾病：如维生素缺乏、水与电解质紊乱、食物中毒以及全身重症感染等，都可能成为惊厥的诱因。

上述的各种刺激因素作用于大脑，会使神经细胞处于过度兴奋状态，导致神经元群发生过度的反复放电活动，进而引发惊厥现象。

（二）小儿高热惊厥的应急处理

（1）确保呼吸畅通：迅速清除患儿口、鼻中的分泌物和痰液，并将头部偏向一侧，以防止胃内容物反流进入呼吸道，进而造成窒息。

（2）减轻咬伤风险：不宜使用硬物强行插入患儿唇齿间以避免咬舌，因为这可能造成人为损伤。相反，可以将毛巾或手绢轻轻拧成麻花状，置于患儿上下牙之间，以预防咬伤舌头。

（3）辅助止惊措施：可以通过按压或针刺患儿的人中、合谷等穴位来减轻抽筋程度和缩短抽筋时间。

（4）及时降温治疗：给患儿服用如APC、扑热息痛等退热药物，以降低体温，预防抽筋的再次发生。

（5）迅速就医：立即将患儿送往医院接受专业诊治，及时供氧、止惊，并预防可能出现的并发症。同时，医生将检查和发现引起抽筋的其他原因，并进行有针对性的治疗。

总之，小儿惊厥对其身体健康具有严重影响，因此一旦出现惊厥症状，务必及时就医治疗。此外，在日常生活中，家长应做好小儿惊厥的预防工作，特别是在小儿出现高热时，切勿拖延，应立即就医。

托幼园所出现婴幼儿惊厥时，应急处理流程如图2-8所示。

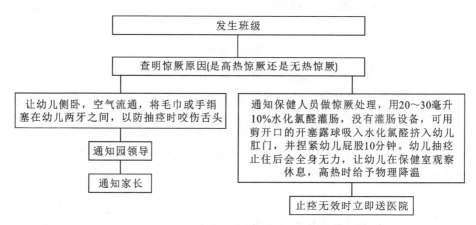

图2-8　惊厥应急处理流程图

十、脱水

小儿脱水的症状多种多样，包括口渴难耐、全身乏力、情绪易怒且烦躁不安、皮肤变得干燥无光泽、眼窝出现凹陷，以及尿量显著减少等。这些症状的出现可能是由于热病导致体内水分大量流失，也可能是由于长期呕吐或腹泻引起体液失衡。

（一）预防

（1）请尽量避免长时间处于高温环境中，以防止身体过度受热。

（2）当出现呕吐、腹泻等症状时，请立即采取相应措施，防止因消化液的大量流失而导致脱水。

（3）请注意调整自己的心态，避免精神或情绪过于激动，以保持身心平衡。

（4）在日常生活中，请注意适量饮水，并保持清淡饮食，以维护身体健康。

（二）应急处理

（1）一般治疗：及时补充白开水是缓解相关情况的有效方法。

（2）药物治疗：为纠正脱水，可遵医嘱使用低渗口服补液盐。若小儿持续腹泻，可遵医嘱应用蒙脱石散等药物来止泻。对于因感染引发的腹泻、呕吐等症状，可配合使用如氧氟沙星片等抗生素进行治疗。若小儿脱水症状显著，口服补液困难，应立即前往正规医院，通过开放静脉通道进行静脉输液治疗，以确保及时补充水分和电解质。

十一、颅脑损伤

外界暴力造成的大脑损伤，称为颅脑损伤。

（一）原因与症状表现

导致颅脑损伤的常见原因有高空坠落、意外跌落、游戏中发生的碰撞击打，以及交通事故等。当小儿遭遇颅脑损伤时，若头痛症状加剧，并伴随呕吐、昏迷等迹象，应立即前往医院接受专业的诊断与治疗，以确保及时得到妥善处理。

常见表现有：

（1）颌面部和头颅外皮出现明显的割伤、淤血以及红肿等症状。

（2）出现头痛、头晕、神志不清或昏昏欲睡，甚至可能陷入昏迷状态，对事故发生前的事情失去记忆。

（3）耳、鼻、口腔部位有出血或异常分泌物。

（4）观察到双侧瞳孔大小不等，有时还可能伴随复视现象。

（5）脉搏显得微弱，呼吸短促而浅。

（6）对于颅脑损伤的患者，即使在受伤后的2~3周内，也可能因颅内血肿的增大而出现颅内压增高的症状，如抽搐、昏迷和呕吐等。

◆ 请您思考

有人说，颅脑损伤主要是高空坠落、交通事故等所导致的伤害，而幅度较小的摔倒、碰撞等不会导致颅脑损伤，这种说法对吗？为什么？

（二）急救处理

（1）当儿童颅脑遭受较大撞击后，通常应送往医院进行全面检查。若选择留园或居家观察，务必在受伤后的72小时内留意以下症状：原本活泼好动的孩子变得异常温顺且疲惫不堪；出现痉挛、手脚麻痹、恶心欲吐的症状；情绪过度激动，头痛难忍；脸色苍白，意识模糊。一旦观察到这些症状，请立即送往医院。在运送过程中，应确保儿童平卧，头部侧向一侧，以便呕吐物能顺利流出，避免误吸入肺内导致窒息或吸入性肺炎。同时，固定患儿头部两侧，减少头部摇晃和震颤。在送医途中，要严密监护，时刻留意病情变化。

（2）一旦儿童受伤，应立即对其伤情进行快速而简单的评估，并根据情况采取相应的紧急处理措施。

（3）若发生严重的外出血，请立即使用无菌纱布进行加压包扎止血，以控制出血。

（4）如果观察到有血性分泌物从耳、鼻中流出，这可能是颅底骨折导致的脑脊液外漏。此时，应让患儿侧卧，并将头部稍微垫高，以便流出的液体能顺畅流出，并防止舌根后坠。严禁用水冲洗或用棉花堵塞耳、鼻，以免造成颅内感染。可以使用无菌纱布轻轻拭去分泌物，确保伤口清洁。

（5）若患儿出现呼吸、心跳停止的紧急情况，应立即进行心肺复苏，并尽快寻求专业医疗救助。

颅脑损伤需及时观察意识、观察呼吸

对于严重脑创伤者,伤后1小时是抢救治疗的黄金时段。因此,颅脑损伤患儿的现场抢救是否及时、正确,是抢救成败的关键。凡伤后昏迷短暂即恢复清醒者,表明损伤不严重,医学上称为一过性意识障碍,恢复后不会影响智力;若意识障碍逐渐加重,则说明颅内血肿或有较严重的脑损伤。颅脑损伤后呼吸变慢、变浅,但仍规律均匀者,一般短时间内即能恢复正常。反之,如呼吸减慢变深,并出现不规则呼吸、头痛、频繁呕吐,则脑损伤严重。

资料来源:薛元坤.农村儿童意外伤害的防治[M].北京:人民卫生出版社,2011:36-37.(有删改)

十二、胸腹部受伤

胸腹部多发伤病情危急且严重,早诊断、早处理对于挽救患儿生命至关重要。

(一)胸部外伤的紧急救治

(1)当胸部外伤导致呼吸时伤口发出响声,即出现开放性气胸时,情况最为危急。此时,应立即使用铝片或塑料片紧密覆盖伤口,并用胶布固定,确保空气无法通过。覆盖物只需足够封严伤口即可,不必过大。若一时找不到密封片,可立即用手捂住伤口,但务必迅速包扎封闭,同时切记不可填塞胸腔伤口,以防异物误入。

（2）胸部骨折的情况多种多样，例如几根相连的肋骨同时骨折，称为胸壁软化或连枷胸。当出现明显的反常呼吸运动时，应用厚衣服或毛巾紧紧压在伤处，并用胶布或带子固定。伤者应保持患部向下的安静平卧姿势。

（3）若胸部骨折仅为裂纹且断端未错位，通常问题不大，只需用绷带紧裹胸部即可。然而，若断端呈叉状，则需格外警惕，以防叉端刺破胸腔，甚至伤及血管和肺部。血液积聚在胸腔内称为血胸，而肺部破裂导致气体积聚在胸腔内则为气胸。

（4）务必清除呼吸道的血液和黏液，保持呼吸道畅通，并等待救护车的到来。

（5）在将胸部受伤者送往医院急救时，应采用30°的半坐体位，并用衣被垫高伤员的上身。对于休克患者，可同时将下肢抬高，但切记不可采用头低位而脚高位的方式。

（二）腹部受伤的初步救治

腹部受伤常常牵连到内脏，其中钝性腹部外伤尤为常见，大约80%的病例存在腹内脏器损伤但无外在明显迹象，其危险性极高，如肝破裂、脾破裂、肾挫裂伤、胃肠道穿孔、尿道断裂、胰腺破裂等。一旦发生这些外伤，轻者可能通过保守治疗得以恢复，但通常需配合禁食、插管、静脉滴注抗生素等措施，治疗周期可能长达一两周甚至更久。而对于严重病例，则需要接受复杂且大型的手术，患者需承受更大的身体和心理痛苦。

当发现儿童腹部受伤时，应细致入微地观察其受伤反应，特别注意腹痛、大便（尤其是血便）和小便（血尿）的情况。一旦发现异常，应立即送往医院接受专业观察和处理。对于大量出血的患儿，首要任务是止血。对于较大、较深的伤口，止血后应用清洁的纱布覆盖，并立即送往医院进一步处理。若出现内脏溢出的情况，切勿尝试自行回纳，应用干净的碗或容器扣住伤口后立即送往医院。此外，腹部受伤后绝对禁止使用热水袋温暖腹部，因为这样做会加速出血，可能导致失血过多。

资料卡片

脾脏受伤

脾脏受伤是最常见的腹部伤害之一。脾脏位于上腹部左侧、横膈膜的正下方。因为脾脏外裹有脾包膜，所以脾脏受伤后症状通常不会立刻显现，而是受伤后几小时才会出现。只有当血肿压力过大，脾包膜破裂后，才会出现腹部变硬和休克等症状。

资料来源：[德]扬科·冯·里贝克.儿童急救应急指南[M].澄泉，译.北京：求真出版社，2013：100.

◆ 请您思考

有人说，学前儿童胸腹部受伤，出现流血等可以看见的伤情，比看不见的伤情，其严重程度相对较轻，这种说法有道理吗？

技能训练

一、鼻出血的简易处理模拟操作

请参考本单元前面"1.鼻出血"部分的"（1）处理步骤"，以模拟操作流程。可以邀请一名同学扮演流鼻血的儿童，然后由另一位操作者根据处理步骤对扮演者进行相应处理，并在处理过程中进行详细的解释和强调。在模拟操作过程中，请特别注意：流鼻血的儿童应保持静坐，头部应略微前倾而非后仰，以确保血液流出而不是流入喉咙；同时，按压时应准确作用于鼻翼两侧的位置。

二、三种常见止血方法的模拟操作

1. 加压包扎法

模拟操作说明请参照本单元前面的"(三)止血方法"部分中的"(1)加压包扎法"。在此模拟中,可邀请一名同学扮演需要接受加压包扎处理的受伤儿童,随后由专业的操作者按照正确的步骤对扮演者进行包扎处理,并在操作过程中详细解释每一步骤的目的和要点,以确保参与者能够充分理解和记忆深刻。具体操作可参照图2-9。

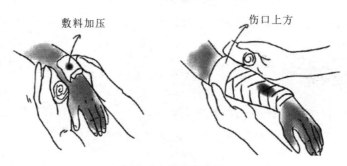

图2-9 加压包扎法

2. 指压止血法

模拟操作说明请参照本单元前面的"(三)止血方法"中的"(2)指压止血法"。在此模拟中,我们将邀请一名同学扮演受伤儿童,其情况需应用指压止血法。随后,由操作者对扮演者进行专业的指压止血处理。在处理过程中,操作者应同时解释和强调每一步骤的重要性,特别是如何准确判断出血血管的上端,以确保指压止血法能够有效实施。

3. 止血带止血法

模拟操作说明请参照本单元前面的"(三)止血方法"中的"(3)止血带止血法"。在此模拟中,我们邀请一名同学扮演需要止血的受伤儿童,随后由专业操作者对扮演者实施止血带止血法的处理,如图2-10所示,并同步进行详细的解释和强调。特别需要注意的是：要明确哪些材料可作为止血带使用；务必记录止血带的启用时间；每隔50分钟，应暂时放松止血带几分钟，以避免长时间压迫导致组织损伤。

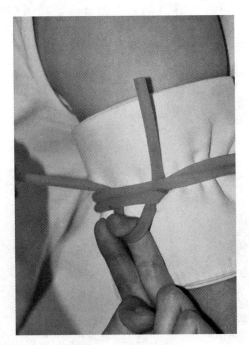

图2-10　止血带止血法

三、儿童骨折急救处理模拟操作

模拟操作流程请参考本单元前面的"三、骨折"中的"（二）急救处理"部分。在此模拟中，我们将邀请一名同学扮演骨折儿童，随后由操作者依据2和4号说明对扮演者进行精确的急救处理。在整个模拟过程中，操作者将同步进行详细的解释和强调，以确保参与者充分理解并掌握急救要点。

在模拟操作过程中，特别需要强调的是：对于骨折或疑似骨折的患儿，切勿盲目搬动，以免造成二次伤害。此外，闭合性骨折与开放性骨折的处理流程有所不同，特别是开放性骨折，在夹板固定之前，必须先进行止血和清创处理。

对于不同部位的骨折，处理方法也各有差异。例如，锁骨骨折应采用"8"字形绷带固定，具体方法可参考图2-11；颈椎骨折的固定方法则如图2-12所示；而对于腕部或小臂骨折，处理方法详见图2-13。

图2-11 "8"字形绷带固定

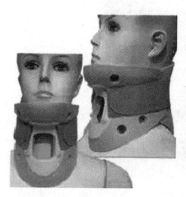
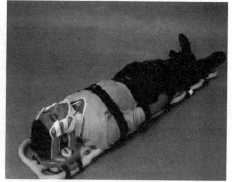

图2-12 颈椎骨折的固定

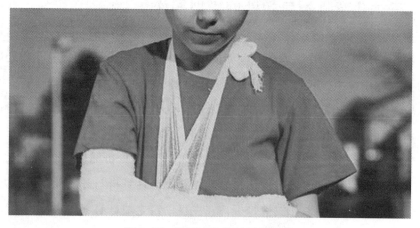

图2-13 腕部或小臂骨折的处理

四、儿童脱臼应急处理模拟操作

模拟操作流程请参考本单元"四、脱臼（脱位）"中的"（三）常见脱臼的复位技巧"部分。我们可以邀请一名同学来扮演脱臼儿童，随后由操作者根据具体的复位技巧对扮演者进行妥善处理。在处理过程中，操作者可同步进行详细的解释和强调，以便让参与者更好地理解和掌握。特别需要注意的是，不同关节的脱臼情况，其复位方式和技巧也各有不同，因此在实际操作中需根据具体情况灵活应对。

五、小儿高热惊厥应急处理模拟操作

模拟操作流程详见本单元"九、惊厥（抽风、抽筋、抽搐）"中的"（二）小儿高热惊厥的应急处理"部分。在此模拟中，我们将邀请一名同学扮演高热惊厥的患儿，由操作者按照应急处理流程对扮演者进行相应处理。在处理过程中，操作者会一边进行实际操作，一边详细解释和强调每一步骤的重要性。在模拟操作中，需要特别强调的是：保持患儿呼吸道通畅是至关重要的，这是确保患儿生命安全的首要任务；同时，将毛巾等物品放置在患儿上下牙之间，以防止其咬伤舌头，这一点同样需要牢记在心。

单元小结

本单元详尽地介绍了学前儿童可能遭遇的意外伤害及其后果，包括出血、软组织损伤、骨折、脱臼、窒息、昏迷、晕厥、休克、惊厥、脱水、颅脑损伤、胸腹部受伤等。我们深入探讨了这些伤害的产生原因、症状表现以及急救处理措施（流程）。其中，现场急救处理对于出血、骨折、脱臼和高热惊厥等情况尤为重要，学习者需特别掌握现场急救处理技能。除了对知识的全面解释和清晰描述外，我们也强调了在技能层面的急救处理要求。尽管与专业医务人员相比，学前教育工作者的急救处理要求相对较低，但掌握基本的急救技能仍至关重要。当学前教育工作者面对类似意外伤害时，首要任务是克服心理障碍，根据自身的理解和掌握情况迅速行动。因为只有在第一时间采取应对措施，才能最大限度地降低意外伤害的影响。过度纠结于操作流程的规范性可能会延误急救时机，甚至加剧伤害后果。

思考练习

1. 简述学前儿童鼻出血、舌出血、嘴唇出血、牙龈出血、眼出血、耳朵出血、头皮裂伤出血、一般伤口、头部伤口、手指伤口、膝部伤口的一般处理流程。

2. 解释说明学前儿童软组织损伤的症状表现及应对处理措施。

3. 概念解释：青枝骨折。

4. 简述学前儿童锁骨骨折、颈椎骨折、腰椎骨折、腕部或小臂骨折的应急处理措施。

5. 操作展示：学前儿童肩关节脱臼、牵拉肘、手指脱臼、颚部脱臼的应急处理。

6. 简述学前儿童窒息的原因、预防及应急处理措施。

7. 操作展示：学前儿童昏迷、晕厥、休克、高热惊厥的应急处理。

8. 解释说明学前儿童脱水、颅脑损伤、胸腹部受伤的初步救治措施。

第三单元
学前儿童常见意外伤害

情境导入

客观对待各种类型的意外伤害

无论是托幼园所还是家长，我们都深切希望避免学前儿童发生任何形式的意外伤害，然而这往往只是我们美好的愿景。实际上，虽然学前儿童意外伤害并非时刻都在发生，但每日的频发却是不容忽视的事实。那么，这是否意味着我们应该放弃所有预防措施，静待意外降临呢？当然不是。一位长期致力于研究学前儿童意外伤害的高校专家明确指出："我们不仅要积极采取预防措施，而且要全力以赴，毫不松懈。尽管意外难以完全避免，但我们的努力仍然具有深远的意义和必要性，否则，学前儿童意外伤害的发生率将不可避免地持续上升。"专家进一步强调，即便在严密的预防措施下，意外伤害仍可能发生。此时，我们不应纠结于"为何还会发生意外"，而应迅速调整心态，学会接受并客观对待这些意外。同时，根据平时积累的知识和经验，及时采取恰当的应急处理措施，以最大限度地减少意外对学前儿童的影响。

确实，学前儿童意外伤害的预防至关重要，但一旦意外发生，我们必须保持冷静，迅速而有效地应对，以减轻其影响。通过本单元的学习，我们将对十六种常见的学前儿童意外伤害——高空坠落、一般跌落（或跌倒）伤、（一般）轻微外伤、溺水、触电、中毒、烧烫伤、中暑、异物入体伤害、动物伤害、儿童危险游戏伤害、劣质儿童玩具伤害、儿童庸医假药伤害、交通意外伤害、学前儿童被拐卖以及学前儿童走失——有一个全面而深入的了解和训练。我们将掌握这些伤害的基本情况、发生原因、预防方法和应急处理措施。这将使我们在未来既能有效预防各类意外伤害的发生，也能在意外发生后迅速而妥善地处理。

单元学习目标

◆ 知识目标

1. 能解释说明学前儿童高空坠落、跌倒伤的影响因素及预防措施；

2. 能解释说明学前儿童一般轻微外伤处理的基本要求；

3. 能清晰描述学前儿童溺水的特征、发生原因及预防措施；

4. 能清晰描述学前儿童触电、中毒、烧烫伤的预防措施；

5. 能解释说明学前儿童中暑的类型、发生原因及预防措施；

6. 能解释说明学前儿童异物入体伤害预防的总体要求及具体处理的基本要求；

7. 能清晰描述学前儿童常见动物伤害处理的基本要求；

8. 能解释说明儿童危险游戏伤害、儿童庸医假药伤害的预防措施；

9. 能分析说明劣质儿童玩具伤害的类型及预防措施；

10. 能分析说明学前儿童交通意外伤害的预防及应急处理措施；

11. 能解释说明学前儿童被拐卖、学前儿童走失的预防及应急处理措施。

第三单元 学前儿童常见意外伤害

◆ 技能目标

1. 能较为熟练地对心搏骤停的学前儿童进行心肺复苏；

2. 能根据不同情况对呼吸道梗阻的学前儿童选择并实施有效的海姆立克急救法；

3. 能不慌不忙地对儿童擦伤、扭伤、烧烫伤、异物入眼、异物入耳、异物入鼻，猫、狗、毒蛇等咬伤，蜱虫咬伤进行现场急救处理。

◆ 思政目标

1. 形成热爱儿童、热爱儿童教育及健康事业的积极情感；

2. 养成执着专注、精益求精、一丝不苟、追求卓越的工匠精神。

基础知识

尽管许多意外伤害可以通过教育和学习来预防，但学前教育工作者（包括幼儿家长）仍需牢固树立"预防为先，安全至上"的指导思想。然而，如果意外伤害不幸发生，掌握一些学前儿童易发意外伤害的应急处理技术和方法也显得至关重要。这些技能和知识能够确保在紧急情况下，我们能够迅速、有效地应对，最大限度地减少伤害对学前儿童的影响。

一、高空坠落

高空坠落是指个体在日常生活中从高处跌落，因高速冲击力导致人体组织和器官遭受严重破坏的损伤。高空坠落者往往面临多个系统或多个器官的复合损伤，严重情况下可能直接死亡。若足部或臀部先着地，冲击力可能会沿脊柱传导至颅脑，造成颅脑损伤；而从高处仰面跌下时，背部或腰部受到的冲击则可能引发脊髓损伤。此外，骨折、内脏挫裂伤等其他类型的损伤也十分常见。

（一）学前儿童高空坠落的因素

1. 家庭造成高空坠落伤害的主要危险因素

（1）家长疏忽：一些家长在外出时疏忽大意，将孩子单独留在家中或反锁家中，长时间无人陪伴的情况下，孩子可能因寻找家长而不慎从阳台或窗口翻出，导致坠落事故发生。

（2）居室设计安全隐患：随着高层建筑的增多，部分居室在结构和布局上存在一定安全隐患。例如，缺乏有效保护装置的阳台、门窗、楼梯等，特别是未封闭或栏杆间距过大的窗口和阳台，甚至缺乏栏杆，这些都大大增加了孩子坠落的风险。

（3）楼梯安全隐患：对于有楼梯的家庭来说，婴幼儿在探索环境时容易摸到楼梯并攀爬上去。部分婴幼儿甚至将楼梯当作滑梯玩耍，稍有不慎就可能从高处摔下，造成意外伤害。

2. 室外造成高空坠落的主要危险因素

游乐场所的新奇刺激设备，如蹦床、过山车等，无疑对学前儿童具有极大的吸引力，但同时也伴随着不容忽视的安全隐患。孩子们在玩耍时，一旦全神贯注、忘乎所以，往往容易忽视自我保护，这极可能导致坠落伤害的发生。

3. 其他危险因素

（1）男童更易发生坠落伤害：由于生性好动、活动范围广、好奇心强且喜欢爬高，男童往往成为坠落伤害的高危人群。即使家长在场，若未能时刻将孩子置于视线范围内并进行有效看护，男童仍可能在短时间内发生坠落事故。

（2）独生子女面临自我保护意识薄弱的挑战：在过度细致养护的独生子女中，孩子虽然得到了前所未有的重视，但往往忽视了自我保护意识的培养。由于这种自我保护意识的缺乏，孩子面临坠落伤害的风险显著增加。

◆ 请您思考

学前儿童高空坠落,谁之过?其中最主要的因素是什么?

(二)预防

1. 不要将孩子独自反锁家中

孩子们普遍拥有强烈的好奇心,尤其是8岁以下的孩子,他们活泼好动,热衷于攀爬,因此很容易爬到阳台或窗口等高处。而对于年纪稍大的孩子,他们则具备了一定的行动力,可能会搬起椅子趴在窗口观望,稍有不慎就可能发生意外。因此,当家长需要暂时离开家中处理事务时,最好带上孩子一同前往,切勿将他们单独留在家中并反锁房门。请参见图3-1,以了解相关安全警示。

不要让孩子单独留在家中,窗口要做好防护栏,如没有空带小孩子,可将小孩交由老人看管或送托管机构安置

图3-1 儿童高空坠落预防

2. 窗户上安置防护栏

现如今,许多家庭为了营造居室的美观氛围,往往倾向于不在窗户上安装防护措施,担心这会影响采光效果。然而,随着现代住宅设计的普及,客厅和卧室中越来越多地采用了落地窗和飘窗设计。这些设计虽然美观,但如果没有采取适当的安全防范措施,将会极大地增加发生危险的风险。因此,

对于居住在高楼层的家庭来说，特别建议在窗户后侧安装坚固的防护栏。这样不仅可以有效防止儿童或其他家庭成员不慎从窗户坠落，还能在一定程度上保障居住安全，避免意外事故的发生。

3. 时刻盯着年幼的孩子

当孩子刚开始学会走路或爬行时，他们往往表现得极为活泼好动，对周围环境的每个角落都充满了好奇心，热衷于进行探索。因此，作为成人，我们必须时刻保持警惕，确保孩子始终在我们的视线范围内，以免他们发生意外或陷入危险之中。

4. 培养孩子的安全意识

即便孩子表现得再懂事，我们也应当经常性地加强其安全意识的培养。比如，要明确地告诉孩子不要在窗户边、阳台边玩耍，更不应攀爬窗户或将头部伸出窗外或阳台。这些行为都极具危险性，极有可能导致坠落事故的发生，造成不可挽回的悲剧。

5. 窗台边不放置杂物

窗户边应保持整洁，避免放置杂物和椅子、床具等家具，因为这些物品都可能成为孩子攀爬的"垫脚石"，增加坠落的风险。同时，当孩子坐在高处时，我们必须时刻保持警惕，并教育他们坐在椅子上时切勿擅自站立，以确保他们的安全。

（三）应急处理

一旦发生儿童高空坠落伤害，成人应立即采取以下紧急措施：

（1）迅速拨打120急救电话，并等待专业医护人员的到来。

（2）在不确定是否存在脊柱损伤的情况下，搬运和转送过程中务必保持患儿平仰卧位，确保脊柱保持伸直状态，避免颈部和躯干的前屈或扭转。严禁采用一人抬肩一人抬腿的方式，以免加重伤势或导致截瘫。

（3）确保伤者的呼吸道畅通无阻，如有需要，及时清除鼻腔和口腔内的异物，解开衣领扣，并移除伤者身上的所有紧固件和口袋中的硬物。

（4）对创伤局部进行妥善包扎，如有大量出血的伤口，应用干净的毛巾覆盖并施加适当的压力以止血。对于疑似颅底骨折和脑脊液漏的患者，切勿随意填塞，以免引发颅内感染。

（5）在条件允许的情况下，迅速给予伤者静脉补液，以补充血容量。

（6）如果发现孩子无呼吸，应立即进行心肺复苏，直至专业医护人员到达现场。

二、一般跌落（或跌倒）伤

跌倒伤通常指的是一个人意外倒在地面、地板或其他低平面上而引发的身体损伤。对于学前儿童而言，跌倒伤尤为常见，主要原因包括在行走或玩耍时滑倒，以及从家具、楼梯或娱乐设施上不慎跌落等。鉴于学前儿童正处于运动能力快速发展的阶段，跌倒的风险相对较高。因此，托幼机构和家长应格外重视并采取有效的防护措施，共同预防婴幼儿跌倒伤的发生，确保他们健康成长。

（一）学前儿童跌倒的常见情形

1. 走路不慎跌倒

通常这种跌倒不会造成严重的身体伤害，损伤主要集中在皮肤、肌肉等软组织上，如轻微的瘀伤和擦伤，一般不会涉及骨组织的损伤。

2. 快速跑动导致的摔倒

这种情况下，由于速度较快，孩子摔倒时可能会受到更严重的冲击。道路上的沙粒、碎屑等杂物有可能嵌入皮肤，造成刺伤或划伤。此外，部分孩子在快速跑动摔倒后，还可能出现骨折、内脏器官损伤或头部外伤等较为严重的后果。

（二）比较容易忽略的跌倒伤

（1）家中跌倒伤害的高发地点之一是客厅茶几和餐厅餐桌的转角处。蹒跚学步的儿童由于步态不稳，很容易在此处跌倒，但通常这种跌倒不会造成严重的后果。

（2）当孩子满1岁后，他们开始尝试攀高，甚至会利用椅子或箱子去够取高处的东西。然而，由于此时他们的平衡和协调能力尚未完全发育成熟，因此摔倒的风险相对较高。

（3）对于学前儿童来说，浴室及浴缸等区域存在较大的安全隐患。在此处跌倒的情况较为常见，且可能带来较为严重的后果。

（4）家中卷起的地毯、暴露的电线以及散落的杂物等，都是增加跌倒伤害风险的危险因素，家长应特别注意清理和防范。

（5）学前儿童在骑自行车或参与健身活动场所的体育活动时，由于他们的身体协调性尚未完全成熟，容易发生跌倒事故。

（6）地面类型与儿童跌倒伤的发生率紧密相关。研究表明，混凝土地面相较于革质和橡胶地面，更容易导致儿童受伤。

（三）预防

1. 安全管理

制定和落实预防学前儿童跌倒伤的管理细则，主要内容包括：严格执行《托儿所、幼儿园建筑设计规范（2019年版）》相关条文；学前儿童生活环境和娱乐运动设备跌倒伤风险的定期排查和清除；学前儿童玩耍娱乐、上下楼、睡眠等活动的安全照护与管理；学前儿童服饰、玩具安全管理；工作人员预防学前儿童跌倒伤的安全教育和技能培训。

2. 改善环境

（1）地面应保持平整、防滑，确保无障碍物和尖锐突出物，并采用软质地坪材料。同时，清除可能绊倒学前儿童的家具、电线、玩具等物品，为他们提供一个安全的行走环境。

（2）在楼梯处应安装防护门，并确保其牢固可靠，以防止学前儿童自行打开并发生意外。

（3）娱乐运动设备的安装应遵循规范，并确保设备周围地面使用软质铺装，以减轻意外跌倒时的伤害。

（4）婴幼儿床应配备护栏，以确保儿童在睡眠时不会滚落或跌落。

（5）在窗户、楼梯、阳台等周围应避免摆放可攀爬的家具或设施，以减少儿童发生意外坠落的风险。

（6）墙角、窗台、暖气罩、窗口竖边等阳角处应设计成圆角，或选择圆角家具，并在需要时使用保护垫，以防止儿童在玩耍时受伤。

3. 加强照护

（1）教师或其他工作人员应与家长紧密沟通，共同为学前儿童挑选适合其活动的鞋子、衣物等服饰，确保他们的安全与舒适。

（2）在为学前儿童换尿布或衣物时，教师或其他成人应全神贯注，始终与儿童保持近距离，并确保在整个过程中不离开其身边，以确保其安全。

（3）当学前儿童使用娱乐运动设备或上下楼梯时，教师或其他成人应特别加强看护，保持与他们的较近距离，并确保他们始终在视线范围内，以防止意外发生。

（4）在学前儿童玩耍或运动前，教师应对玩耍和运动的环境、设备设施进行全面的安全性检查，确保没有任何安全隐患。

（四）应急处理

应急处理主要包括以下几个关键步骤。

（1）保持冷静：在紧急情况下，保持冷静至关重要，以避免因慌乱而加剧伤害。

（2）评估伤情：仔细观察受伤部位，注意是否有明显的红肿、疼痛、畸形等症状，以便初步判断伤势的严重程度。

（3）初步处理：根据伤情进行初步处理。如有出血，应立即使用干净的纱布或衣物进行压迫止血；若关节受伤，可采用局部冷敷以减轻疼痛和肿胀。

（4）寻求专业救援：如果伤势较为严重或自己无法处理，应及时拨打120急救电话，寻求专业医疗救援。在等待救援人员到达的期间，继续保持对受伤者的照护，确保其安全。

◆ 请您思考

对于学前儿童来说，有"一跌三长"之说，因此，对于学前儿童的一般跌倒摔伤，无须预防吗？

三、（一般）轻微外伤

常见的轻微外伤主要包括以下几种。

（一）夹挤伤

在日常生活中，家庭和教育机构中的门户、铁闸、窗框、抽屉或汽车门等是儿童手指夹伤的高发区域。夹伤后，轻则可能导致出血和肿胀，重则可能引发手指断裂、指甲脱落或关节出血等严重后果。因此，儿童在玩耍或进出这些区域时，必须格外小心。

如遇夹挤伤，可按照以下方法进行处理：

（1）成人应保持冷静，首先安抚孩子的情绪。对于较轻的手指夹伤，可将受伤手指浸入冷水或进行冰敷，以减轻疼痛和肿胀。

（2）将孩子受伤的手指抬高至心脏平面以上，有助于减轻疼痛和出血，并尽快前往医院接受专业诊治。

（3）如果指甲缝破裂出血，应进行局部止血处理。甲床下出血且血液未流出，导致甲床根部隆起并伴随剧烈疼痛，影响睡眠时，可在近指甲根部用消毒的缝衣针轻轻扎一小孔，排出积血后消毒并加压包扎指甲。

（4）手指出现紫色出血现象或明显肿胀，可能是手指骨折所致，应立即前往医院接受专业救治。

（5）皮肤裂伤出血时存在感染风险，务必及时前往医院进行处理。

（6）在治疗期间，务必避免受伤的手指接触水源，以防感染。

◆ 请您思考

有些爷爷奶奶在教育孩子时，会告诉学前儿童"玩开关门窗游戏会导致害耳朵（耳内发炎，甚至化脓，非常疼痛）"，这种说法有道理吗？请您说说这些老人这样说的最大动机是什么？

（二）碰撞伤

婴幼儿在日常活动中难免会发生碰撞，无论是翻身滚下床、跌跌撞撞走路还是头部不小心撞到桌角等，这些碰撞都可能导致轻微的伤害。在处理这些碰撞伤时，家长需要特别注意，切忌直接用手揉捏伤处，因为这可能会加剧肿胀。当伤处呈现红色、微热且处于充血状态时，应当及时进行冷敷。不过，若有开放性伤口，应首先用碘伏清洁伤口，不宜进行冷敷。

以下是针对碰撞伤的具体处理建议：

（1）立即用手掌紧紧压迫受伤部位，压迫面积应大于受伤面积，持续5分钟，以减少出血和肿胀。

（2）若受伤部位出现瘀血，可以用碎冰和冷水进行冷敷，同时继续压迫，效果更佳。在24小时内，冷敷20分钟后停20分钟，如此反复进行2~3小时。24小时后，可以改用温水热敷患处，促进血液循环。

（3）若受伤部位是胳膊或腿，适当抬高患处有助于减轻肿胀。

（4）磕碰发生在头部，且伴随恶心、呕吐、嗜睡、精神不振或异常烦躁、哭闹等症状，且安抚无效时，家长应立即带孩子就医，由医生进行专业的检查和诊断。

（三）擦伤

1. 预防

大多数儿童意外擦伤其实是可以预防的，以下是一些建议，供成人参考以预防这类意外：

（1）确保孩子的鞋子合适，并且鞋带要系紧，以减少跌倒时因鞋子不合脚或松脱导致的伤害。

（2）当孩子在户外玩耍时，提醒他们避免使用没有垫子或其他保护措施的活动器械，以减少因意外摔倒而造成的擦伤。

（3）孩子在进行跑步等体育活动时，建议他们穿着运动鞋和运动裤，以增加运动时的稳定性和舒适度，减少因跌倒造成的擦伤风险。

（4）告诫孩子在光线暗淡的环境下不要骑车、滑滑板车或骑扭扭车等，以免因视线不清而发生意外。

2. 简易处理

若伤口较浅且面积小，首先可用温开水轻柔地清洗伤口，接着涂抹红药水或含有抗生素的药膏以预防感染，随后使用创可贴妥善包扎伤口。一般情况下，这样的伤口在2至3天内便能愈合。然而，若伤口较深，已伤及皮肤角质层，并有血液和淋巴液渗出，应立即用干净的纱布紧紧压迫伤口以止血，并尽快前往医院接受专业处理。此外，若伤口处较为脏污，务必先用凉开水或淡盐水仔细冲洗干净，以去除杂质和细菌，再按照上述方法进行处理。请参照图3-2进行实际操作。

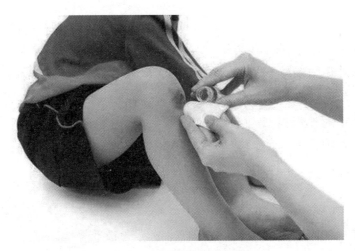

图3-2 儿童擦伤简易处理

创可贴不可随便贴

创可贴适用于轻微碰伤、挫伤、切伤等小伤口。使用前用酒精棉球将伤口上的泥土、灰尘及其他异物擦掉,或用温开水冲洗干净,然后撕去创可贴上的塑料薄膜,即露出带消炎药的纱布,将纱布对准伤口,用两端的橡皮膏粘牢即可。

创可贴虽然对小的伤口有治疗作用,但也不可随便使用。下列情形不可使用创可贴:

(1)伤口上有泥土、灰尘、异物等不可贴,应清除这些东西后才能贴。

(2)伤口较大、出血较多时不可贴,这样的伤口应立即到医院进行缝合、包扎治疗。

(3) 已感染化脓的伤口不可贴,以免阻碍脓液流出,引起伤口扩散。

同时注意创可贴贴的时间不要过长,48小时后应取下来更换新的。如伤口已发白或有分泌物,说明伤口已感染,不适合连续贴用创可贴,应及时找医生治疗。

资料来源:陆国平,张灵恩.儿童意外伤害[M].上海:上海科技教育出版社,2004:41.(有改动)

(四)划伤

学前儿童划伤伤口的处理原则主要依据划伤的深浅程度而定。对于较浅的划伤,仅限于皮肤表层,首先应当用碘伏消毒,然后将碘伏棉球轻轻按压在伤口上持续一分钟,确保伤口清洁。随后,根据孩子是否容易触碰到伤口,可以选择使用创可贴进行包扎,如果伤口位于不易触碰的部位,则可不使用创可贴。通常,此类伤口在一周内即可愈合。若划伤较深,并伴有污染,应当立即就医,由医生进行专业的清创处理。对于伤口较深且较大的情况,医生可能会建议进行缝合处理,以促进伤口的更快愈合。

(五)轻微割伤

若伤口较小且深度较浅,首先应用碘酒对伤口四周皮肤进行消毒,随后在伤口处撒上适量的消炎粉或云南白药,最后用纱布妥善包扎。第三天时,应再次检查伤口,若无化脓迹象,则继续用碘酒对伤口周围皮肤消毒,并重新包扎。然而,若伤口较深、较大且出血较多,首要任务是止血,并尽快送往医院接受专业治疗。对于这类伤口,缝合是一个较好的选择,因为它不仅能降低感染风险、减少出血,还有助于减轻瘢痕的形成。此外,若伤口由金属器具(特别是生锈的金属)所致,强烈建议注射破伤风抗毒素,以预防破伤风的发生。

◆ 请您思考

出现不是非常严重的金属割伤，后续处理时是进行严密包扎，还是裸露伤口？为什么？

（六）刺伤

通常，刺伤是由针、竹签、木刺、钉子等尖锐物品刺入人体造成的伤害。对于轻微的刺伤，处理方式类似于割伤，但特别重要的是要立即将刺入物完全取出，以避免伤口感染并化脓。以下是具体的处理步骤：首先，用生理盐水仔细清洗伤口，去除伤口周围的污物和血迹。然后，使用已消毒的针（或镊子）顺着刺的方向，小心地将刺全部挑出或拔出，确保无残留。接下来，轻轻挤压伤口，排出其中的淤血和污染物。之后，用75%的酒精对伤口进行消毒处理。如果必要，可以用消毒纱布轻轻包扎伤口，以受进一步污染。然而，对于较深的刺伤，情况则更为严重。因为这类伤口容易将病菌或脏物带入伤口深处，导致严重的感染，甚至可能引发破伤风而危及生命。因此，对于深度刺伤，应立即就医治疗。医生会为患者注射破伤风抗毒素，并可能使用抗菌药物来防止感染。

（七）肌肉拉伤

肌肉过度伸展往往导致拉伤，严重时甚至造成部分肌肉纤维撕裂。学前儿童肌肉拉伤多由运动过度、姿势不当等原因所致，对此，我们可采取以下方式应对处理。

（1）冷敷：拉伤后立即进行冷敷是有效的应对方法，它能有效缓解疼痛、减轻肿胀。冷敷可通过冷敷袋、冰块或冷水浸泡等方式进行，特别适用于拉伤后的24小时内。

（2）休息：肌肉拉伤后，给予足够的休息至关重要。休息能减轻肌肉的进一步损伤和炎症反应，促进肌肉自然恢复。在拉伤后的初期和中期，应避免剧烈运动和过度使用受伤部位。

（3）物理治疗：包括按摩、热敷和理疗等，这些治疗能改善血液循环、缓解肌肉紧张与疼痛，并促进肌肉的恢复与修复。物理治疗适用于拉伤后的中后期，可加速康复过程。

此外，还可考虑其他治疗方式，如药物治疗和运动疗法。药物治疗，如非处方止痛药和消炎药，适用于疼痛和炎症较为严重的情况。而运动疗法则通过适当的运动训练和康复锻炼，帮助肌肉恢复力量和功能，尤其适用于拉伤后的康复阶段。

（八）扭伤

扭伤在脚踝、手腕以及下腰部等部位尤为常见，表现为受伤肢体疼痛和活动受限，但通常不伴随肿胀。在无法明确判断患儿是否骨折的情况下，我们应当按照骨折的处理方式进行初步处理。

首先，需要轻柔地全方位移动损伤关节，以确定是否为扭伤，但要避免过度或剧烈地摆动伤处，以防造成永久性损伤。

如果确认没有骨折，无论是手指、踝关节还是腰部扭伤，都可以采用以下治疗措施：先进行冷敷（即在伤害发生后的24小时内，将受伤部位浸入冷水中，或用冷毛巾、棒棒冰等敷于患处，每次持续10～20分钟，每6小时一次，以达到收缩血管、减轻肿胀和缓解疼痛的效果）；随后在受伤24小时后进行热敷（即使用热水袋、热毛巾、热鸡蛋等热物体置于痛处，以促进局部血液循环，加速组织间隙渗出液的吸收，从而缓解疼痛）。此外，还可以贴敷伤湿止痛膏、服用舒筋活血药物，或采用针灸、拔火罐等方法进行治疗。请参考图3-3了解小儿扭伤的应急处理。如果发生骨折，应及时送医院诊治。

图 3-3 小儿扭伤的应急处理

（九）挫伤

通常所说的挫伤，指的是被石子击中、跌倒等造成的轻微外伤，表现为皮肤未破损，但伤处肿痛且颜色发青。

当发生挫伤时，皮下肌肉和小血管往往会受到不同程度的损伤，从而导致局部皮肤呈现青紫色并伴有疼痛感。如果受伤部位在四肢且皮肤未破，应立即用布带轻轻包扎患处（但务必注意确保局部肢体的血液循环不受阻碍），并抬高患肢以减轻肿胀。接着，进行冷敷处理，以控制肿胀的扩散。在挫伤后的2~3天，再进行热敷，以促进血液循环和瘀血的吸收。

若伤势严重，怀疑有肌肉撕裂的情况，应立即就医寻求专业治疗。值得注意的是，在挫伤发生后的24小时内，不宜外用跌打损伤药物，因为这些药物具有活血化瘀的作用，可能导致血管扩张，从而加重组织水肿、出血，甚至促使血肿扩散。

四、溺水

溺水的本质是液体进入口鼻，导致呼吸功能受损的紧急状况。学前儿童溺水的常见地点涵盖室内设施如浴缸、水盆、水桶等，以及室外场所如池塘、湖泊、河流和游泳池等。

溺水事件并非仅发生在农村地区，而是遍布城乡。溺水的水源多种多样，可能是家中的水缸、浴缸和装满水的洗澡盆，也可能是游泳馆或社区游泳池，甚至包括在河流、湖泊和水库等自然水域中游泳时发生溺水。此外，在河边、水渠、水库等地方玩水时也可能发生意外溺水，甚至包括因救援他人而导致溺水。

在中国，溺水是0~14岁儿童意外死亡的首要原因，每年有近3万名儿童因溺水而丧生。儿童的溺水过程往往是短暂而无声的，仅2分钟便可能失去意识，而在4~6分钟后，身体便会遭受无法挽回的严重伤害。

（一）儿童溺水的特征

1. 溺水发生时间

四季都可能发生，以夏秋季、农忙时为多。

2. 溺水发生地点

（1）在水缸、泳池等溺水的多为0~4岁儿童。

（2）在池塘、沟渠、水库中溺水的多为5~9岁儿童。

3. 溺水发生地域

溺水的发生率农村及城乡接合部高于城市；河流、湖泊、沟渠等水网密布发达的地方发生率高于山区和北方少水的地方。

4. 溺水发生性别

男孩更爱玩水和游泳，因此男孩溺水者多于女孩。

（二）发生溺水的原因

1. 对儿童疏于看管

学前儿童溺水往往发生在极短的几分钟内，其后果可能是无可挽回的。父母或其他看护人仅在接听电话、回复信息或与他人简短交谈的这几分钟内，未能保持对儿童的紧密监护，就可能导致儿童发生溺水事故。

2. 不安全水域普遍存在

不论是在繁华的城市还是宁静的农村，都遍布着各种开放式水域。与城市小区中的景观水体和建筑工地形成的水坑相比，虽然农村野外的沟渠、池塘、湖泊和河流看似自然，但城市中的这些水域由于管理疏忽和缺乏警示，往往隐藏着更大的安全隐患，使得人们难以完全防范。

3. 学前儿童无自我保护能力

儿童年幼，尚不具备独立生活能力，他们的感知觉、动作发育均未成熟，对危险的识别能力有限，自我防范能力更是缺乏。因此，一旦遭遇溺水，他们的死亡率极高，需要家长和社会高度关注和保护。

（三）预防

1. 安全管理

制定和落实预防学前儿童溺水的管理细则，主要内容包括：学前儿童生活环境溺水风险的定期排查和清除；学前儿童洗浴清洁、玩耍等活动的照护与管理；工作人员预防学前儿童溺水的安全教育和技能培训。

2. 改善环境

（1）托幼机构内的池塘、沟渠、井、鱼缸、鱼池、涉水景观等应安装护栏、护网。

（2）水缸、盆、桶等储水容器应加盖，并避免学前儿童进入储水容器所在区域，使用完水池、浴缸、盆、桶后应及时排水。

不同年龄段防溺水的重点如图3-4所示。

图3-4 不同年龄段防溺水的重点

3. 加强照护

（1）请确保学前儿童始终处于教师或其他成人的视线范围之内，避免他们误闯盥洗室、厨房、水池边等潜在的水域危险区域。

（2）当学前儿童身处水中或水边时，教师或其他成人务必全神贯注地看护他们，与他们保持近距离的接触，确保在此期间不离开、不接打电话或与人闲聊，以防范任何可能发生的意外。

（四）应急处理

当学前儿童发生溺水时，成人应立即拨打急救电话，并在救援人员到来之前迅速采取急救措施。首先，为排出儿童呼吸道及胃中多余的水，可以双手紧握其腹部，高举过头，使其背部朝上，头脚自然下垂，同时双臂持续颠动，使水自然流出。另外，可将儿童置于肩上，头足下垂，随后快速行走或颠动，利用重力促使呼吸道内的水迅速排出。若条件允许，成人可单腿跪地，将溺水儿童腹部置于大腿上，让其脸朝下俯卧于膝盖处，并轻拍其背部，使吸入呼吸道和胃内的水排出。

若儿童被救起后呼吸逐渐停止，成人应立即清除其口鼻中的异物（如淤泥、污物等），拉出舌头，确保呼吸道畅通无阻，随后迅速进行人工呼吸或心肺复苏。因为溺水导致的心脏骤停若得不到及时有效的抢救，4～6分钟内会对溺水者的关键器官组织造成不可逆的损害。

◆ 请您思考

对于学前儿童溺水，是控水优先，还是心肺复苏优先？

五、触电

触电不仅对儿童构成极大威胁，对于试图进行救援的成年人来说同样危险重重。触电事故所导致的伤害程度各异,通常而言,电流强度越大、触电持续时间越长,儿童所遭受的伤害越严重。此外,值得注意的是,当皮肤处于湿润状态时,身体的导电性会显著增强,从而增加触电的风险和伤害程度。

(一)预防

(1)不使用不熟悉的电器;

(2)不要用湿手去开灯、关灯或触动其他电开关;

(3)不能用手指、小刀、钢笔等去触、捅电源插座;

(4)不爬电线杆,不在有电线的地方放风筝;

(5)打雷或有闪电时,避免接触插座、电器和金属物体,更不可在户外(尤其是大树等底下)活动;

(6)经常检查居室环境的电线、电器等是否老化、破损;

(7)将安全用电教育落到实处,落到细处。

◆ 请您思考

对于学前儿童触电,是教育引导重要,还是严防死守重要?教育引导与预防之间,能否取得平衡?

(二)应急处理

一旦发生触电事故,成人切勿冲动地去拉扯触电的学前儿童或电线,首要任务是迅速切断电源。否则,不仅无法救助孩子,还可能危及大人的安全。若电源无法关闭或距离电源开关较远,可利用厚而干的衣物、木棒(如扫帚柄或椅子)等工具,或用干毛巾绕在学前儿童的脚上,小心地将孩子推开或拖离电源。孩子脱离电源后,应立即将其转移至通风良好的地方休息,并尽快送往医院接受进一步治疗。若此时孩子的呼吸心跳已停止,应立即启动心肺复苏术,以确保其生命安全。

图3-5所示为儿童触电应急处理。

图3-5　儿童触电应急处理

怎样预防雷击

1. 室内如何避雷

（1）在雷雨天气，请务必紧闭门窗，以有效防范侧击雷和球状雷的侵入。

（2）在雷雨天气，建议切断家用电器的电源，并拔掉电源插头。避免使用带有外接天线的收音机和电视机，同时不要接打固定电话。

（3）请远离天线、煤气管道、铁丝网、金属窗和建筑物外墙等金属导体，同时避免赤脚站在泥地或水泥地上。

（4）在雷电交加的天气里，切勿使用喷头洗澡。

2. 户外如何避雷

（1）一旦遭遇雷雨天气，请立即寻找避雷场所，如装有避雷针、钢架或钢筋混凝土的建筑物。但请保持与防雷装置的安全距离。若无法找到合适场所，请蹲下，两脚并拢，双手抱膝，尽量降低身体重心，减少与地面的接触面积。

（2）避免停留在露天游泳池、开阔的水域、小船、树林边缘、电线杆、旗杆、干草堆、帐篷、铁轨、水管、煤气管、电力设备、拖拉机、摩托车等无防雷装置的物体附近。尤其要远离孤立的大树和烟囱，特别是山顶的孤立大树边更为危险。

（3）在旷野中避免使用雨伞，同时立即停止如打高尔夫球、踢足球、攀登、钓鱼、游泳等户外活动。

（4）雷雨天气请避免开摩托车或骑自行车。若人在汽车内，请确保关好车门窗。

（5）在野外与他人同行时，请保持几米的距离，避免拥挤。

（6）当高压电线遭雷击落地时，近旁的人要保持高度警觉，小心地面上的"跨步电压"。逃离时应双脚并拢，跳着离开危险地带。

（7）在空旷地带，请关闭手机以减少潜在风险。

资料来源：https://www.jy135.com/shenghuo/62215.html.（有删改）

六、中毒

中毒是指因暴露于外源性物质，导致细胞损伤或死亡，进而造成的身体伤害。常见的毒物涵盖农药、药物、日常化学品、有毒植物以及有毒气体等。中毒的形式既有急性的，也有慢性的，但此处我们主要聚焦在急性中毒上。由于学前儿童常通过味觉来探索新事物，他们可能会将玩具、食物、化学物品等放入口中咀嚼尝试，因此，他们相对容易发生中毒事件。

（一）预防

1. 安全管理

为了确保学前儿童免受中毒之害，我们需精心制定并严格执行一套预防中毒的管理细则。这套细则的核心内容包括：定期对学前儿童生活环境中的中毒风险进行排查和清除；确保学前儿童安全用药；为工作人员提供预防学前儿童中毒的安全教育和技能培训，以确保他们具备相应的防范意识和应对能力。

2. 改善环境

（1）将药物、日用化学品等妥善存放在学前儿童无法触及的专用区域或柜子中，确保他们无法自行获取。

（2）在使用消毒剂、清洁剂等化学用品时，必须遵循规范操作，并严禁将这些用品放置在学前儿童的活动室或休息区，以确保儿童的安全。

（3）使用煤火取暖的房间应确保配备窗户、风斗等通风设施，并保持其处于正常工作状态。同时，应正确安装和使用符合安全标准的燃气热水器，以防止一氧化碳中毒等风险。

（4）托幼机构内应避免种植有毒植物，也不应饲养有毒动物，以确保学前儿童的生活环境安全。

（5）在农村地区，农药的保管和使用应严格遵守相关规定。务必确保农药存放在儿童无法触及的地方，避免小儿接触。对于喷洒过农药的农田和菜园，应设立明显的警示标记，并在一周内严禁儿童进入。切勿使用农药为孩子灭蚤。同时，对于盛放过农药的瓶罐，应及时妥善处理，以防儿童误用或接触。

3. 加强照护

（1）玩具及生活用品应确保安全无毒，同时，教师或其他成人应密切关注学前儿童的啃咬行为，及时制止并引导他们改正，以避免因误啃咬有毒物质而导致中毒事件的发生。

（2）为防止学前儿童因食物中毒，我们应严格避免提供有毒食物，如毒蘑菇、未彻底加热煮熟的扁豆、发芽或变绿的土豆等。这些食物都可能含有毒素，必须加以防范。

（二）应急处理

在遭遇中毒事件时，首要任务是立即联系急救中心或迅速将患者送往附近的医院。在等待救护车到来或前往医院的过程中，可以根据具体情况采取应急处理措施。同时，为确保妥善处理，务必注意核实表3-1中所示的问题。

表3-1　儿童中毒送医治疗前需要了解情况一览表

要点	具体情况
毒物种类	例如是什么药品、毒物，或者是什么样的食物等（如果可以，将这些东西一并带到医院）
毒物剂量	例如是10颗、1包，还是1碗等
症状	例如有无异常的举止，何处疼痛，哪里有异样的感觉，有无呕吐等
服用时间	食用药物（毒物）已经有多长时间
孩子的体重	
孩子的年龄	

如果孩子误食了毒物（或药物）导致中毒，应立即用软布、一次性毛巾或面巾纸包裹手指，小心地从孩子口中取出剩余毒物。紧接着，立即进行催吐处理：让孩子张大嘴巴，使用筷子、匙柄或干净的手指轻轻刺激其咽喉部位，促使其产生呕吐反应，之后反复让孩子喝水并再次催吐。在就医时，务必带上所误服的毒物（或药物），以便医生能更准确地判断并采取相应的解毒治疗措施。然而，若孩子摄入毒物已超过4小时，由于毒物可能已进入肠道，此时催吐可能不再有效，应迅速将孩子送往医院处理。

对于因接触毒物而中毒的孩子，应立即用肥皂和流动水冲洗接触部位约15分钟，以清除毒物残留。但请注意，如果接触的是强酸物质，切勿直接用水冲洗，而应用干布轻轻擦拭并立即就医。

对于因吸入毒物（如一氧化碳）而中毒的孩子，应迅速将其带离中毒现场至开阔、通风良好的地方。如果孩子已失去意识，应立即按照意外窒息的急救措施进行抢救，确保孩子的生命安全。

◆ 请您思考

对于学前儿童中毒，无论是误食毒物（或药物），还是接触物中毒，都需要"因毒解毒"，根据毒物情况进行相应处理，对吗？

请不要在洗涤剂和腐蚀性物质中毒时催吐

当学前儿童吞下洗衣剂、去污剂等时,由于胃的收缩蠕动,在呕吐时会产生泡沫。但因为在任何情况下都不能让泡沫进入肺部,所以对于这类中毒不能采取催吐的方式进行处理。

另外,当学前儿童吞入腐蚀性物质时,也不能催吐,这是因为腐蚀性的酸或碱会损坏喉部黏膜。胃内有一层厚厚的黏膜保护,使其不受酸或碱的伤害。而食道则没有特别厚的黏膜保护,以至于在呕吐时,食道会被再次腐蚀。在这种情况下,应当采取后续饮水和稀释毒性的方法。一般来说,饮用水、茶水、稀释过的果汁等都是比较好的选择,但一次不能喝太多,否则会引起呕吐。另外,不要给孩子喝牛奶或盐水来稀释腐蚀性物质,也不要尝试去中和孩子已经喝下去的酸或碱。

资料来源:[德]扬科·冯·里贝克.儿童急救应急指南[M].澄泉,译.北京:求真出版社,2013:165.(有删改)

七、烧烫伤

烧烫伤是指热辐射、热液(如热粥、热水)、热的固体(如取暖设备)、火焰或其他因素(如放射性物质、电能、摩擦、化学物质)对皮肤或其他机体组织造成的部分或全部细胞损伤。对于学前儿童而言,烧烫伤常见的原因包括不慎接触热粥、热水等液体烫伤,取暖设备引起的接触烧烫伤,蒸汽或高温物体的烫伤,以及不慎接触火焰导致的烧伤等。

(一)分度

(1) Ⅰ度烧(烫)伤(红斑性):表现为局部红斑、轻度水肿、红热痛感,无水疱,表面干燥且无感染迹象。皮肤会有烧灼样疼痛,但通常在2~3天内症状消退,3~5天内完全康复,皮肤脱屑后不留瘢痕。

(2) Ⅱ度烧(烫)伤(水疱性):分为浅Ⅱ度和深Ⅱ度两种。浅Ⅱ度烧(烫)伤涉及表皮和部分真皮浅层,表现为较大的水疱、明显水肿和剧痛,皮肤感觉过敏。若未并发感染,通常在2周左右愈合,不留瘢痕,但短期内可能会有色素沉着。深Ⅱ度烧(烫)伤则影响真皮深层,水疱较小但水肿显著,疼痛相对较轻,皮肤感觉迟钝。一般需要3~4周时间恢复,可能会留下瘢痕。

(3) Ⅲ度烧(烫)伤(焦痂性):这种烧伤涉及真皮深层、皮下组织,甚至神经、血管、肌肉和骨骼等。除了局部症状外,还可能伴随全身症状。皮肤变得苍白或焦黄炭化,干燥如皮革状,疼痛轻微但感觉迟钝,失去弹性。焦痂通常在3~4周后脱落,露出肉芽组织,愈合过程较慢。除了小面积烧伤可以通过周围上皮爬行愈合外,大面积烧伤通常需要进行植皮手术。愈合后可能会留下瘢痕或局部畸形。

婴儿皮肤细嫩,接触60 ℃水1分钟即可形成Ⅰ度烫伤,接触70 ℃水半分钟即可形成Ⅱ度烫伤,接触高于80 ℃水15秒即可形成Ⅲ度烫伤。图3-6所示为烧烫伤分度示意图。

 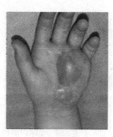 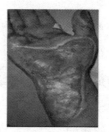

Ⅰ度"红"　　Ⅱ度"泡"　　Ⅲ度"焦"

图3-6　烧烫伤分度示意图

（二）预防

1. 安全管理

制定和落实预防学前儿童烧烫伤的管理细则，主要内容包括：严格执行《托儿所、幼儿园建筑设计规范（2019年版）》相关条文；学前儿童生活环境烧烫伤风险的定期排查和清除；学前儿童进食、玩耍娱乐、洗浴清洁等活动的照护与管理；学前儿童玩具用品、电器、取暖设备的安全管理；工作人员预防学前儿童烧烫伤的安全教育和技能培训。

2. 改善环境

（1）请确保热水器出水温度的最高设定值低于45 ℃，以预防烫伤风险。

（2）应设立特定区域存放热水、热饭菜、温奶器和消毒锅等高温物品，并在放置开水炉的专用房间内设置防护措施，确保学前儿童无法触及。同时，使用门栏或护栏等安全设施，防止学前儿童误入厨房、浴室等可能导致烧烫伤的区域。

（3）为了避免学前儿童因拉扯桌布而导致热源物倾倒、坠落，请不要在桌子、柜子上使用桌布等覆盖物。

（4）请妥善保管化学用品、打火机、火柴等危险物品，并上锁以确保学前儿童无法触及。此外，避免使用有明火的蚊香等物品进行驱蚊，以降低火灾和烧烫伤的风险。

3. 加强照护

（1）在为学前儿童提供饮食或进行盥洗前，务必检查食物和水的温度，确保它们处于安全可接受的范围内。

（2）在加热或取放热物时，请时刻留意周围是否有学前儿童，以避免因碰撞或泼洒导致的烫伤事故。

（3）在使用暖水袋等可能引发学前儿童烫伤的用品时，请务必遵循安全使用指南，确保儿童的安全。

（三）应急处理

（1）一旦发现烧烫伤，应迅速脱离热源，立即用流动的干净凉水冲洗或浸泡受伤部位约20分钟，这是现场急救的关键步骤，能有效防止烧烫伤进一步恶化，将伤害程度降至最低。若衣物与皮肤粘连，应先用冷水浸透衣物，再小心剪开，避免直接撕扯造成皮肤损伤。切勿直接冲洗衣物，以免热水或化学物质通过衣物扩散至更多部位。

（2）请避免使用冰块直接冷敷伤处，特别是当受伤面积较大时，以防体温过低造成不良影响。

（3）切勿在伤处涂抹植物油、食醋、牙膏、酱油等物品，也不要涂抹任何粉状药物，这些做法不仅无助于治疗，反而可能增加感染的风险。

（4）使用消毒纱布或干净的棉布轻轻包裹伤口，保持其清洁。

（5）对于头、面、颈部的轻度烫伤，清洁创面并涂抹适当药物后，无须包扎，让创面自然裸露，与空气接触有助于保持干燥，促进愈合。

（6）对于严重的烫伤，特别是发生在头、面、颈部的烫伤，由于可能引起休克等严重后果，应立即送往医院接受专业治疗。

托幼园所出现婴幼儿烧烫伤时，其应急处理预案流程如图3-7所示。

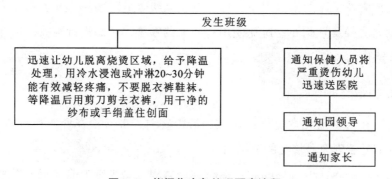

图3-7　烧烫伤应急处理预案流程

◆ 请您思考

对于学前儿童烧烫伤，烧烫伤的严重情形并不是最可怕的，最可怕的是烧烫伤所带来的可能的并发感染，这种说法对吗？为什么？如何才能将可能的并发感染降到最低？

八、中暑

中暑是指由于身体产生的热能无法通过正常的皮肤散热机制有效排出，进而引发一系列症状，其主要表现为显著的高热，体温可攀升至40～42 ℃，同时伴随烦躁、头痛、头晕以及肌肉痉挛。在严重情况下，患者还可能出现惊厥，甚至陷入昏迷状态。儿童中暑的情况并不罕见，不仅在炎热的夏季，即使在寒冷的冬天，也有孩子发生中暑的情况。

（一）中暑的类型

1. 过热型

过热型中暑常见于儿童患感冒等疾病时，家长为促使儿童发汗而给儿童过度包裹衣物或盖被子，导致儿童机体散热受阻，体温可急剧升高至40～42 ℃。此时，儿童可能出现口渴、多尿、乏力等症状，部分患儿还可能表现出烦躁、吵闹甚至惊厥的现象。

2. 热虚脱

由于长时间处于高温环境，儿童会大量出汗，导致体液中的水分和氯化钠大量流失。这种情况下，儿童可能出现头晕、头痛、肌肉痉挛、恶心、呕吐、全身乏力、面色苍白、持续大量出汗、意识淡漠等症状。随着体液的持续流失，体温逐渐下降并低于正常水平，儿童进入虚脱状态。

3. 热痉挛

在高温环境下，儿童出汗过多，体内氯化钠大量丢失，可能引发四肢肌肉出现强直性痉挛的现象。

（二）婴幼儿容易发生中暑的原因

1. 体温调节中枢发育尚未成熟

婴幼儿的体温调节中枢尚未完全发育成熟，因此无法有效自主控制体温，导致其对周围环境温度变化的适应性较弱。与成人相比，他们更容易因高温环境引发健康问题。

2. 生活在"人造夏季"

冬季中暑的现象多发生在2至10个月大的婴儿中，这是因为他们往往生活在室内，而室内由于供暖等原因形成了"人造夏季"的环境。

3. 体表面积相对较大

婴幼儿的体表面积相对于体重来说较大，这使得他们更容易吸收环境中的热量。然而，他们的循环能力尚未成熟，难以将过多的代谢热量有效地输送至体表散失。因此，在高温环境下，他们不仅难以散热，反而可能吸收更多的热量。此外，婴幼儿对高温高热的耐受能力也相对有限。

4. 排汗功能差

由于婴幼儿皮肤上的汗腺数量较少，且体内水分储存量有限，他们通过排汗散热的效果相对较差。

5. 对流环境调节失衡

对于婴幼儿来说，如果周边环境温度高于体温，他们的体温调节系统可能会出现失衡，导致体温进一步升高。

(三)儿童夏季中暑的预防

(1)避免儿童长时间暴露在烈日之下,以防中暑。
(2)为儿童安排户外活动时,最好选择早晨或傍晚时段,以减少高温对儿童的影响。
(3)确保儿童所处的环境通风良好,并维持适宜的温度,以提供一个舒适的环境。
(4)当儿童出现生病发热、腹泻等情况时,应特别关注其水分摄入,避免脱水,从而预防中暑的发生。

(四)儿童冬季"中暑"的预防

总体来说,在冬季,应避免将婴幼儿包裹得过于紧密或穿戴过多衣物。通常情况下,他们的衣物数量只需比成人多一至两件即可。当婴幼儿活动量较大时,可以适当减少一至两件衣物以维持舒适;而在室外温度较低时,则可以考虑在室内衣物的基础上增加一至两件衣物来保暖。这样既能保证婴幼儿的温暖,又能避免过热带来不适。

(五)中暑的应急处理

一旦发现中暑症状,应立即将患儿移至阴凉通风的地方,迅速脱去多余衣物,解开衣扣,让患儿平躺休息。紧接着,进行物理降温(见图3-8),以降低体温。同时,给患儿提供淡盐开水以补充流失的水分和电解质。根据患儿的具体状况,如有必要,应及时送往医院接受进一步的治疗和观察。

图3-8 中暑儿童的物理降温

（六）中暑处理的误区

1. 过量饮用热水

虽然中暑后需要补充水分和盐分，但过量饮用热水，反而会使婴幼儿因为大量出汗造成体内水分和盐分进一步流失，严重时还有可能引起抽风。

正确的做法：给婴幼儿少量、多次饮水，以淡盐水和凉白开水为主。

2. 过量进食

中暑后幼儿体质较弱，如果此时给婴幼儿吃得过多、过于油腻，反而会增加消化系统的负担，不仅营养物质不能被充分吸收，还会加重病情。

正确的做法：尽量让婴幼儿吃一些清淡爽口的食物，以适应其消化能力。

3. 冷饮降温

也许有人认为吃些冷饮可以给婴幼儿降温，但实际上，这样做对孩子的身体有害无益，因为凉性食品会损伤孩子的脾胃。

正确的做法：可以给婴幼儿喝一些鲜果汁。

◆ 请您思考

学前儿童中暑只会在炎热的夏季出现，对吗？

中暑及其识别

太阳直射头部会导致脑膜和大脑的温度升高，即使是在绝对正常的体温下也会导致中暑。只有极少数人了解，轻微多云天气也只能减少1/3的太阳辐射。在太阳辐射更为强烈的山区，人们经常低估了中暑的危险性。所以在一天中，太阳辐射最为强烈的12—15时之间，您和孩子最好避免在没有任何防护措施的情况下待在户外。

经历过中暑的人都知道，中暑会带来强烈的头痛，仿佛脑袋要炸裂一样，脸会又热又红，目光呆滞。伴随的症状还有恶心、呕吐、畏光和头晕。根据中暑的程度不同，还会出现发热和颈部僵直的症状。

资料来源：[德]扬科·冯·里贝克.儿童急救应急指南[M].澄泉，译.北京：求真出版社，2013：76-77.（有删改）

九、异物入体伤害

异物入体伤害是指因各种因素导致异物进入体内，并对机体造成一定程度损伤，出现各种症状和体征，如食道穿孔、气道梗阻、脑损伤等。学前儿童异物入体伤害多因异物通过口、鼻、耳等进入身体造成损伤，常见的异物包括食物、硬币、尖锐异物、电池、小磁铁、气球、玩具零件及碎片等。

（一）总体预防

1. 安全管理

制定和落实预防学前儿童异物伤害的管理细则，主要内容包括：学前儿童生活环境异物伤害风险的定期排查和清除；学前儿童饮食、玩耍等活动的照护与管理；学前儿童食物、玩具、儿童用品的安全管理；工作人员预防学前儿童异物伤害的安全教育和技能培训。

2. 改善环境

（1）请将硬币、电池、小磁铁、装饰品（如项链、皮筋、耳环等），以及文具（如笔帽、别针）等小物件放置在学前儿童触及不到的安全区域。

（2）在使用玩具、儿童用品等前后，请务必检查是否有零件、装饰物、扣子等破损、脱落或遗失的情况。

（3）请定期检查家具、娱乐运动设备，确保没有易掉落的零件、装饰物（如螺钉、螺母等），并及时进行固定。

3. 加强照护

（1）请确保及时收纳可能被学前儿童放入口、鼻、耳等身体部位的小物件，以防发生意外。

（2）一旦发现学前儿童有将硬币、电池、豆类、纸团、棉花团等小物件放入口、鼻、耳等身体部位的行为，请立即制止，并告知他们这些行为的危险性。

（3）为了孩子的安全，请选择适龄的玩具，避免提供含有小磁铁、小块零件（如玻璃球、小塑料珠、小串珠、小纽扣等）的玩具。

（4）请避免提供易导致异物伤害的食物，如含有鱼刺、小块骨头或带核的食物，以确保学前儿童的饮食安全。

（二）具体情形

1. 异物入眼

（1）症状表现。

常见的眼内异物包括灰尘、沙土、谷皮等，它们通常会引起流泪、不适感以及明显的异物感。特别是当异物嵌入角膜时，刺激和疼痛症状会变得更加严重。

（2）应急处理。

若是沙尘进入眼睛，成人应提醒学前儿童避免用手揉眼，以防擦伤角膜（相关趣味漫画见图3-9）。由于异物刺激，眼睛会自动分泌泪水，此时建议学前儿童闭上眼睛稍作等待，异物可能会被泪水自然冲刷出来。如果异物未被泪水带出，可使用生理盐水或干净的凉白开水轻轻冲洗眼睛。

图 3-9 异物入眼不当处理

如果是小飞虫等异物进入眼睛，成人应首先洗净双手，然后轻轻翻开孩子的眼皮，对着异物轻柔地吹气或使用干净的手帕将其擦拭出来。随后，滴入几滴适宜的眼药水，以预防眼睛感染。

若学前儿童眼睛出现红肿症状，且异物已嵌入角膜或结膜，难以自行清除，应立即送往医院由专业医生进行处理，切勿自行使用针等锐物尝试挑拨异物，以免造成更大的伤害。

2. 异物入耳

（1）症状表现。

多数情况下，儿童在玩耍时可能将异物置入耳内，或在与同伴嬉闹时相互将异物放入对方耳内。常见的异物包括豆类、纽扣、珠子、塑料小玩具等。此外，动物性异物如蚊子、苍蝇等也可能突然飞入或爬进耳内。耳部异物常引起耳鸣、耳痛以及异物感。动物性异物由于动物爬动可能刺激鼓膜引发疼痛；植物性异物遇水后可能膨胀，进而继发感染，导致外耳道炎；体积较大的异物则可能影响听力并引发反射性咳嗽等症状。

（2）应急处理。

如果异物是体积较小的颗粒性植物籽，成人应指导幼儿将头偏向有异物的一侧，并扶住幼儿身体让其侧身单脚跳，尝试让异物自行脱落。具体操作可参照图 3-10。

图 3-10　异物入耳应急处理

如果遇到小昆虫进入耳朵，成人可以利用昆虫的趋光性，用灯光对准耳朵，诱使小虫自行爬出；或者，可以轻轻滴入少许食用油或酒精，先使昆虫失去活动能力，随后再小心地使用工具将其夹取出来。

当异物无法及时取出时，例如异物体积过大、有棱角或较为锐利，成人应立即将学前儿童送往医院处理。由于家中缺乏良好的照明和必要的医疗器械，且操作技术可能不熟练，自行处理容易损伤外耳道皮肤，甚至可能将异物推向更深处，伤及鼓膜或中耳，造成严重后果。

3. 异物入鼻

（1）症状表现。

儿童因好奇心驱使，玩耍时可能将花生米、豆类、纽扣、塑料小玩具、纸团、棉球等物品塞入鼻腔，或者因小昆虫突然飞入鼻腔而导致异物入鼻。儿童常常无法自行取出这些异物，又担心被责备而不敢告诉家长，往往直到家长闻到鼻腔异味后才察觉到问题。

（2）应急处理。

当儿童鼻腔进入异物时，成人应立即采取行动。首先，应用手指轻轻按住儿童没有异物的一侧鼻孔，并指导他（她）用有异物的一侧鼻孔用力呼气（擤鼻子），尝试将异物擤出。如果两侧鼻孔都进入异物，应用双手轻轻按住鼻孔，告诉儿童深吸一口气，然后闭嘴低头，突然用力呼气，重复几次这样的动作。若异物未能及时取出,切勿擅自使用镊子、筷子等工具夹取异物(特别是圆球状异物),以免加重伤害。此时,应立即将儿童送往医院,由专业医生进行处理。

4. 异物入口腔、咽、食道

(1)症状表现。

常见的异物包括鱼骨刺、肉骨、糖块、水果核、硬币、纽扣、塑料小玩具等。当这些异物停留在咽、食道等部位时,儿童可能会表现出无法进食、吞咽疼痛等症状。

(2)应急处理。

若学前儿童不慎吞下无毒性且无刺的硬质颗粒,如植物种子等,无须催吐。建议让其多摄入一些富含膳食纤维的食物,如香蕉、韭菜等,以促进异物随粪便自然排出。

如果学前儿童不慎将带有尖刺的硬性异物,如小图钉等,吞入体内,成人应立即将其送往医院接受专业处理。

若学前儿童被鱼刺刺伤,应引导其努力张大嘴巴,并用力连续发出"卡哈"的声音,尝试将鱼刺咳出。同时,成人也可将学前儿童带到光线明亮的地方,让其张开嘴巴,一只手用小勺轻轻压住舌头,另一只手用镊子小心而缓慢地将鱼刺夹出。如果鱼刺位置较深或难以取出,应立即送往医院进行处理。

5. 异物阻塞气管

气管异物是学前儿童中较为常见的意外伤害之一,更是导致5岁以下幼儿死亡的常见原因。近年来,儿童气管异物事件的发生率呈现出上升的趋势,这一趋势在很大程度上与儿童餐外进食的增多有关。由于婴幼儿的吞咽功能尚未完善,且气管保护性反射机制不够健全,他们可能因不慎将花生、瓜子、汤圆、葡萄、水果核、纽扣、硬币等物品吸入气管,导致气管受到刺激,进而突然出现呛咳和哮鸣的症状。

(1)症状表现。

当异物阻塞气管时,儿童可能会表现出惊恐、憋气、声嘶、面色苍白或青紫、呼吸困难,甚至可能陷入窒息状态。其中最显著的症状是剧烈的刺激性呛咳,并伴随气急。若异物恰好阻塞了大气管,短时间内即可导致生命危险。一旦异物落入支气管,上述症状可能会有所缓解,但患儿可能会长期咳嗽、发热,并间隔一段时间后出现反复肺炎、肺脓肿等严重并发症,同样存在生命危险。

(2)应急处理。

在出现异物阻塞气管的紧急情况下,成人可采取以下措施:首先,立即倒提学前儿童的两腿,使其头部朝下,并轻拍其背部。这种方法利用异物的自身重力和儿童呛咳时胸腔内气体的冲力,有助于异物向外咳出。另外,也可以让学前儿童坐着或站着,成人站在其身后,用两手臂环抱儿童,手握成拳,将大拇指放在儿童肚脐与剑突之间的位置,用另一只手掌压住拳头,然后有节奏地向上向内推压。这样操作可以促使儿童的横膈抬起,压迫肺底,使肺内产生一股强大的气流,有助于异物从气管内向外冲出,并随气流到达口腔。若上述方法无效或情况紧急,应立即将学前儿童送往医院,由专业医生进行诊治。

◆ 请您思考

幼儿园晨检所谓的"一摸二看三问四查",其中"四查"是查什么?"四查"与防止异物进入学前儿童体内有无关联?

十、动物伤害

一般来说,动物伤害主要包括以下几种。

（一）狗、猫等动物（宠物）咬伤

喜欢小动物（如狗、猫等）是学前儿童的天性，然而，小动物有时也可能成为伤害孩子的隐患。当孩子不幸被咬伤时，首要任务是安抚受伤的孩子，确保他（她）能够保持安静和放松。紧接着，应立即挤压伤口以排出污血，并使用5%的肥皂水对咬伤部位进行彻底且反复的冲洗，持续约半小时，以降低感染的风险。这一步骤对于抢救的成败至关重要，务必就地、立即、彻底地冲洗伤口。随后，应用纱布隔着伤口进行冷敷以保护皮肤，但切记不要包扎伤口。紧接着，应迅速将孩子送往医疗机构进行专业处理。医生会根据孩子的具体情况，评估是否需要接种破伤风疫苗或狂犬病疫苗。特别提醒，首次接种狂犬病疫苗的最佳时间是被咬伤后的48小时内。

◆ 请您思考

学前儿童注射狂犬病疫苗，就是为了应对狗咬伤，猫或其他动物的抓咬伤并不需要注射狂犬病疫苗，这种说法对吗？为什么？

（二）毒蛇咬伤

当遇到蛇咬伤的情况，特别是在无法准确区分是毒蛇还是无毒蛇时，应采取毒蛇咬伤的紧急处理措施以确保安全：

（1）立即阻止蛇毒扩散——迅速使用布带在伤口上方（距离伤口近心端约3厘米处）进行捆扎，同时保持患儿镇静并避免移动。如果条件允许，应将咬伤部位置于心脏水平以下，以减少蛇毒通过血液循环的扩散。

（2）有效祛除蛇毒——使用清水（或盐水、碱水、肥皂水）彻底冲洗伤口，减少蛇毒残留。接着，用消毒过的刀片以伤口牙痕为中心，小心划出十字切口，但需注意避免过深以免伤害更多组织。这样有助于毒液顺畅流出。

在必要时,可以轻轻挤压伤口周围,帮助毒液和淤血更快地流出。然而,切忌使用酸类或碘烧灼伤口,以免加重组织损伤。

(3)及时服用解毒药——口服五片南通蛇药(季德胜蛇药),并将药片用温水溶化后涂抹在伤口周围,以增强解毒效果。

若情况危急或严重,应立即拨打急救电话,并在等待医疗人员到达的同时,持续进行上述紧急处理措施,确保患儿得到及时有效的救治。

(三)蜈蚣咬伤

蜈蚣咬伤处理步骤如下:

(1)立即冲洗伤口:使用肥皂水或3%氨水、5%~10%碳酸氢钠溶液反复冲洗被蜈蚣咬伤的伤口。由于蜈蚣咬伤的痕迹通常表现为一对小孔,毒液正是通过这些小孔流入,因此务必用碱性水彻底冲洗,并避免使用碘酊或酸性药物进行冲洗或涂擦,以免加重症状。

(2)涂抹草药粉末:将雄黄和甘草各等分研成粉末后,用茶油调和均匀,然后涂抹在咬伤处。或者,也可以使用季德胜蛇药调成糊状后,涂于患处。

(3)缓解不适症状:若感到疼痛剧烈,可适当服用止痛片以缓解疼痛。若出现过敏症状,如红肿、瘙痒等,可口服抗组胺药物进行抗过敏治疗。

经过上述处理后,若患处肿痛未消退,症状反而加剧,或出现全身症状严重的情况,应立即送往医院接受进一步的专业治疗。图3-11所示为蜈蚣。

图3-11　蜈蚣

（四）蜂蜇伤

当学前儿童被蜜蜂蜇伤后，成人应立即采取以下措施：首先，使用弱碱性液体，如3%氨水、2%~3%碳酸氢钠溶液或肥皂水等，涂抹在伤处以中和毒素。若被马蜂或黄蜂蜇伤，则应用弱酸性溶液，如0.1%稀盐酸，涂抹伤口，以中和浸入肌肤的毒素。接下来，使用已消毒的镊子小心地将毒刺拔除，或者用酒精消毒过的细针轻轻挑出毒刺。完成这些步骤后，可以在伤口处涂抹一些红花油，以缓解不适和减轻肿胀。若伤势较重，或儿童出现过敏反应，如呼吸困难、全身红肿等，应立即送往医院接受专业治疗。在处理过程中，务必保持冷静，并确保儿童的安全。

◆ 请您思考

学前儿童出现蜜蜂蜇伤与马蜂蜇伤的应急处理一样吗？为什么？

（五）蚊叮伤

当学前儿童被蚊虫叮咬后，处理的原则如下：

（1）止痒：及时涂抹清凉油等外用药物，以缓解瘙痒感。

（2）消炎：对于症状较重或伴有继发感染的患儿，建议在医生指导下内服抗生素进行消炎治疗。同时，应及时清洗并消毒被叮咬的局部，并适量涂抹红霉素软膏等，以促进伤口的愈合。

（3）防抓挠：务必避免学前儿童抓挠伤口，以防继发感染或加重症状。家长应留意孩子的行为，必要时可使用透气性好的纱布轻轻包扎伤口。

（六）蜱虫咬伤

蜱虫通常喜欢附着在人体的头皮、腰部、腋窝、腹股沟以及脚踝下方等隐蔽部位。在未吸血时，它们干瘪得如同绿豆般大小，而一旦吸饱血液，身体会变得饱满如黄豆，有时甚至膨胀至指甲盖般大小。图3-12所示为蜱虫叮咬图。

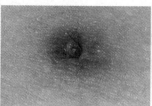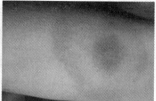

图3-12　蜱虫叮咬图

1. 预防

蜱虫主要栖息在草地和树林中，因此，在外出游玩时，建议您在暴露的皮肤上喷涂驱蚊液以有效预防蜱虫叮咬。同时，为了降低被蜱虫附着的风险，尽量选择紧口、浅色且表面光滑的长袖衣物穿着。此外，避免长时间在野外坐卧，以减少与蜱虫的接触机会。游玩归来后，务必及时洗澡并更换衣物，以确保不将蜱虫带回家中。

2. 紧急处理

（1）当孩子感到瘙痒时，应立即检查是否有蜱虫附着，特别是要仔细检查儿童身体的皱褶部位，如腹股沟、膝盖窝、腋窝和脖子等区域。

（2）一旦发现蜱虫叮咬皮肤，切勿直接用手抓取，可以使用酒精涂抹在蜱虫身上，以使其头部放松或死亡。另一种方法是使用烟头轻轻烫蜱虫的身体，使其头部自行缓慢退出人体皮肤。

（3）在移除蜱虫时，切忌生拉硬拽，以免将蜱虫的头部或口器留在皮肤内，造成进一步的伤害。

（4）去除蜱虫后，应对伤口进行消毒处理，通常可以选择使用含碘的消炎药。如果发现蜱虫的口器断入皮肤内，应立即前往医院接受专业医生的处理，可能需要手术取出。

◆ 请您思考

学前儿童被蚊虫等叮咬，主要出现在炎热的夏季，对吗？

人咬伤的急救处理

人咬人时，咬人者口腔内分泌的唾液、携带的细菌等，会使被咬者的伤口感染率比被狗等动物咬伤还高，而且伤口不容易愈合。因此，被人咬伤的伤后处理要及时细致。

1. 一般状况急救

（1）用消毒水冲洗伤口，减少感染的风险；

（2）抬高和支撑伤口，用干净的纱布轻拍，直到伤口变干；

（3）用无菌敷料覆盖伤口。

2. 严重状况急救

（1）如果伤口大而且深，流血多，直接用无菌纱布按压以控制出血，并抬高受伤部位；

（2）用大块干净松软的纱布或其他无菌敷料覆盖受伤部位，并用绷带包扎；

（3）如果被咬者休克，迅速拨打"120"，及时将伤者送往医院急救。

3. 注意事项

如果咬人者是艾滋病患者或艾滋病病毒携带者，被咬者有被传染艾滋病的可能，需立即去医院。如果被其他人咬伤，也需要注射狂犬病疫苗和破伤风疫苗。

资料来源：浙江红雨急救研发中心，河南红羽文化传播有限公

司.儿童常见意外伤害急救手册[M].郑州：海燕出版社，2015：39-40.（有删改）

十一、儿童危险游戏伤害

具有显著危险性的游戏，如"倒挂金钩""抛宝宝""转圈子"等，以及学前儿童模仿危险行为，如模仿大人切菜、劈柴，模仿蹦极、魔术中吞咽磁铁，甚至模仿影视剧中的上吊、抽打他人等场景，这些行为均可能给儿童带来伤害。

在危险游戏中，孩子往往会模仿生活或影视中的危险动作，做出大人难以预料的举动，其后果可能十分严重，轻则导致受伤致残，重则危及生命。

在这些危险游戏中，男童因活泼好动，常常进行大量的追逐奔跑、舞枪弄棒等活动。他们手中的剪刀、铁丝、小刀、树枝、竹竿等物品，稍有不慎就可能成为伤人的工具。一些家长过于纵容孩子，对于孩子想要的玩具，如仿真枪、激光枪等，都毫无节制地购买，这种放任的消费习惯埋下了潜在的隐患。

另外，农村儿童因家长忙于农活或长期在外务工，常常处于无人看管或疏于看管的状态。当孩子模仿并玩耍各种危险游戏时，无人及时制止，从而导致身体受到伤害，甚至发生残疾或死亡的不幸事件。

（一）预防

（1）加强伤害危险因素认知教育，让儿童及其相关人员深刻认识到身边的潜在危险，从而积极采取措施最大限度地减少这些危险因素。

（2）实施安全行为知识教育，确保儿童及其相关人员明确安全行为的定义，并将这些安全知识转化为日常生活中的实际行动。

（3）普及安全防护知识，提高儿童自我保护的意识和应对伤害威胁的能力。特别要教育儿童辨识哪些游戏是安全的、哪些游戏存在风险；哪些物品是危险的、可能对身体造成伤害甚至危及生命，必须避免触碰和玩耍。

（4）一旦发现儿童有危险行为，应立即制止，并进行适当的引导和教育。

（5）成人应树立良好的榜样，避免在儿童面前做出任何可能引发危险的动作，确保儿童的安全。

（二）应急处理

首先要稳定儿童的情绪，然后进一步判断是否需要送医治疗。

◆ 请您思考

对于婴幼儿来说，他们的脑海中有无危险游戏的概念？如何才能让婴幼儿明白危险游戏的危害性？

五个易造成孩子伤害的游戏，你玩过几个？

1. 危险游戏之：举高高

在日常生活中，不少父亲喜欢将孩子高高举起并抛向空中，然后再稳稳接住，看到孩子笑容满面，觉得这种互动十分有趣。然而，这种看似"逗"孩子的欢乐方式，实际上潜藏着极大的危险。

由于婴幼儿的脊椎发育尚未完善，他们的身体对任何过度的外力都非常敏感，很容易因此受到伤害。当家长将孩子抛向空中时，孩子在"自由落体"的过程中，由于"重力加速度"的作用，其下降速度会迅速增加。而就在家长准备接住孩子的瞬间，为了避免孩子受伤，不得不增加夹持的力量。这种过大的夹持外力，很可能对孩子的脊柱造成损伤，甚至可能伤及胸腹内脏器（由于孩子的胸腹壁组织相对薄弱，其对内部脏器的保护能力有限）。

2. 危险游戏之：蹦蹦床

"蹦蹦床"游戏的显著特点是让身体经历上下垂直的跳跃，同时伴随着倾斜和旋转等多种动作。在游戏过程中，孩子们需要不断地调整身体姿态，以保持平衡并避免摔倒。然而，学前儿童的神经系统发育尚不完善，他们的身体调节能力和自我保护能力相对较弱。

当孩子们在蹦床上进行上下运动时，尤其是在身体下落的过程中，由于"重力加速度"的作用，他们的双足在接触蹦床的瞬间，脊柱所承受的力量会远超过其体重。如果此时没有采取适当的保护措施，孩子的脊柱就有可能遭受不同程度的损伤。

3. 危险游戏之："荡秋千"

学前儿童的肘关节发育尚未成熟，韧带相对较为松弛且脆弱。在这种状态下，如果手臂受到过度或突然的拉拽，压力会集中在肘关节上，极易导致肘关节脱位，极端情况下还可能引发骨折。

因此，在参与如"荡秋千"这类游戏时，务必避免突然或过度用力拉拽孩子的手腕。作为预防措施，可以先与孩子一起进行一些简单的屈伸运动，这有助于增强关节的灵活性和适应性，从而有效避免潜在的伤害。

4. 危险游戏之：翻跟头

翻跟头，这一游戏在亲子共度的睡前时光中颇为常见，孩子们往往乐在其中。然而，睡前翻跟头却是一个需要谨慎对待的行为。

首先，翻跟头时若姿势不当，容易对孩子的颈椎造成损伤。年幼的孩子脖颈较为柔软，更容易受到伤害，因此应特别留意。其次，睡前翻跟头会导致孩子的血液倒流至头顶，这不仅可能引起兴奋，增加心脏的负担，还可能对孩子的睡眠质量产生不良影响。此外，翻跟头时若孩子不慎从床上跌落，在失重的情况下，他们不仅可能遭受身体伤害，还可能承受巨大的心理刺激。

5. 危险游戏之："顶头"游戏

在 1 至 3 岁的阶段，孩子们通常热衷于与家长们玩"顶头"游戏。然而，这一年龄段的孩子，其头部发育尚未完全成熟，头盖骨作为保护大脑的重要结构，显得尤为脆弱。因此，在游戏中，如果头部受到过大的压力或突然的冲击力，都有可能对孩子的脑部发育造成不良影响，甚至可能带来严重的后果。

资料来源：https://www.sohu.com/a/230812586_554538.（有删改）

十二、劣质儿童玩具伤害

劣质儿童玩具常常隐藏着潜在的安全风险，这些玩具可能对儿童的身心健康造成严重的伤害，甚至不幸地导致儿童死亡事故的发生。因此，家长在选择玩具时必须格外谨慎，确保玩具的质量和安全。

（一）伤害类型

1. 物理性伤害

劣质玩具表面可能带有锐利尖端，儿童在玩耍时极易造成皮肤划伤，其尖角更可能刺伤孩子的皮肤甚至眼睛。部分童车和滑板车缺乏必要的安全保护装置，或者其速度和方向控制不符合安全标准，极易导致孩子受伤。大件玩具若过重且不稳固，倒塌时可能砸伤孩子。此外，毛绒玩具上装饰的小纽扣若缝制不牢固，脱落后可能引发儿童误吞的危险。

2. 化学性伤害

部分色彩鲜艳的积木、铁皮玩具等在制作过程中可能使用了含铅、铬、锑、镉、汞等有害金属的油漆或涂料，这些超标油漆会对使用者造成潜在的健康风险。涂有水溶性颜料的木制玩具，若被婴幼儿长时间吮吸，可能摄入这些颜料，导致慢性中毒。含有聚氯乙烯的玩具则可能对人的肝脏、神经及骨骼造成损害。

3. 精神行为伤害

市面上一些带有恐怖、黄色、暴力元素的玩具，虽然不会直接造成孩子生理上的伤害，但对他们的心理健康发展产生严重的负面影响。例如，恐怖的玩具可能引发孩子的惊恐、失眠、胆小和不安情绪；而暴力玩具则可能激发孩子的攻击性心理和行为，使他们的心理倾向暴力化。

（二）预防措施

1. 确保购买渠道安全

成人应始终选择正规厂家生产的儿童玩具产品。推荐前往大型超市进行购买，确保有正规发票并妥善保存。同时，务必确认产品上标注有生产厂家的地址和联系电话，并在工商局网站上核实其备案信息，以确保购买渠道的可靠性。

2. 确保玩具安全标识符号齐全

购买时，请仔细检查玩具或包装上的安全标识符号是否齐全且清晰。这包括购买指示、玩具开始使用的提示（通常在说明书中）以及每次使用时的提示（如玩具上的警示标签）等。确保所有安全信息都是明确无误的。

3. 确保玩具符合机械物理性能要求

在选择玩具时，请务必考虑其机械物理性能。这包括检查玩具的小部件是否牢固、尖端和边缘是否平滑、绳索长度是否适当以及外包装袋是否安全等。这些因素都是评估玩具安全性的重要指标。

第三单元　学前儿童常见意外伤害

◆ 请您思考

如何判断学前儿童的玩具是否为劣质玩具？

2022年玩具网售产品质量国家监督抽查情况通报

玩具抽查结果显示，不合格率为9.8%。本次抽查了15个省（市）的346家企业生产的399批次产品，共发现39批次产品未达标，不合格率相较于去年下降了5.2个百分点。抽查范围覆盖了塑胶玩具、电玩具、金属玩具、毛绒布制玩具、木制玩具以及其他类玩具等六大类。重点检验了玩具的机械与物理性能、易燃性能、特定元素的迁移、增塑剂、电性能等五大安全项目。

不合格项目主要集中在材料、小零件、小球、包装或玩具中的塑料袋或塑料薄膜、挤压玩具、摇铃及类似玩具、功能性锐利边缘、18个月以下儿童使用的玩具上的绳索和弹性绳、仿制防护玩具（如头盔、帽子、护目镜）、非蓄能弹射玩具、蓄能弹射玩具、磁体和磁性部件、增塑剂等12个方面。技术机构分析指出，不合格的主要原因包括企业为降低成本而使用被污染的回收材料或未经清洁处理的天然材料，生产过程中质量控制不严格，产品安装不牢固或材料强度不足，以及未按标准要求在产品外包装或产品上标注相关安全警示说明。

此次抽查主要聚焦在产业集聚区广东省和浙江省，分别抽查了201批次和102批次产品，不合格率分别为10.0%和11.8%。

资料来源：https://baijiahao.baidu.com/s?id=1766308994500560248&wfr=spider&for=pc.（有删改）

十三、儿童庸医假药伤害

鉴于当前医疗领域仍面临假医生、假药、医疗机构违规承包或转包以及虚假医疗广告泛滥等挑战,作为患病儿童的家长,提升对假医、假药和假广告的辨识与防范能力显得尤为重要。家长们应增强警惕,确保为孩子选择正规、可靠的医疗服务。

(一)学会识别假医

1. 一些医疗单位与江湖游医合作、变相承包或转包

某些医疗单位竟然与江湖游医勾结,通过变相承包或转包的方式,将不具备行医资格的人员引入正规医院进行公开欺诈,这种行为的恶劣影响远超过游医、假医单独在外行骗。

2. 医师无执业资格证

一些人假冒医疗专家,实际根本没有临床经验,更无执业资格证,出于利益驱使,宣传吸引群众上门就医。

(二)学会鉴别假药

1. 利用药品批号压印的特点进行识别

一般来说,正品药品的批号压印完整清晰、不易掉色,摸起来会有凸凹感,假药则不然。

2. 观察药品内外包装

尤其注意观察药品外包装的色泽与细微之处。一般来说,假药包装较为粗糙,色调较差,套色不佳,字迹模糊,文字说明中甚至会有错别字。

3. "实验"验证

基于药品的有效成分，某些药品甚至可以通过利用家中或随手可得的小物品来进行简易实验，以便于鉴别真伪。例如，通过碘酊测试，有些药品在遇到碘酊时并不会变色，而假冒药品（通常由淀粉制成）则会与碘酊发生反应，呈现蓝色。

（三）学会识别虚假医药广告

1. 要相信科学，不信所谓的"祖传秘方"

在医学领域，并不存在能包治百病的"祖传秘方"，也没有完美无缺的神奇疗法。面对那些夸大其词的宣传，我们最明智的选择是保持冷静和理性。

2. 多数虚假医药广告大打"患者"牌

当有人以"患者"身份，通过"亲身体验"来极力推荐并证实某药品的疗效时，我们更应加倍小心和谨慎，因为这些所谓的"现身说法"很可能来自"医托"的伪装。

3. 切忌"有病乱投医、乱用药"

寻医问药，我们应当通过正规渠道来获取信息和进行验证。

◆ 请您思考

针对学前儿童的疾病，如何在过度医疗、看病不及时、庸医假药等之间取得平衡？

十四、交通意外伤害

交通意外伤害涵盖了机动车乘员伤害、骑车人伤害以及行人伤害。在发达国家，随着汽车的普及，学龄及学龄前儿童因车祸导致的死亡约占整体伤害死亡的半数，而青少年因车祸死亡的比例更是高达四分之三。对于儿童来说，交通意外伤害尤其以2~5岁儿童最为常见，全年都可能发生，但尤以4~11月为高发期。在我国，这类伤害已成为1~4岁儿童的首要死亡原因。

（一）预防

1. 安全管理

制定和落实预防学前儿童道路交通伤害的管理细则，主要内容包括：托幼机构车辆安全要求和管理制度，携带学前儿童出行安全管理制度；托幼机构内车辆行驶、停放安全管理制度，运输学前儿童出行车辆驾驶员的资质要求，儿童安全座椅安全使用要求；工作人员预防学前儿童道路交通伤害的安全教育和技能培训。

2. 改善环境

（1）托幼机构内将学前儿童活动区域与车辆行驶和停靠区域隔离。

（2）托幼机构出入口设立专门安全区域。

（3）托幼机构出入口与道路间设置隔离设施。

3. 加强照护

（1）携带学前儿童出行时，应严格遵守道路交通法规。

（2）携带学前儿童出行时，密切看管并限制其随意活动。

（3）携带学前儿童出行时，给其穿戴有反光标识的衣物。

（4）婴幼儿乘坐童车出行时，规范使用童车安全带。

（5）教育学前儿童遵守交通规则，从小让儿童识别交通标志，不在马路上、马路边、停车场、机动车辆附近玩耍。成人同时也要以身作则，不闯红灯，过马路走人行横道或天桥，不乱穿马路。图3-13所示为儿童交通意外伤害防范图。

图 3-13　儿童交通意外伤害防范图

（二）应急处理

（1）拨打急救电话，及时送医治疗。

（2）在等待的同时，进行以下判断处理：

① 对于垂危患者及心脏停搏者，应立即进行心肺复苏术以挽救生命；

② 对于意识丧失的患者，应使用手帕或手指清除其口腔内的泥土、呕吐物等异物，随后使患者保持侧卧或俯卧姿势，以避免窒息的风险；

③ 若遇到大量出血的伤口，应进行加压包扎以控制出血。在出现搏动性或喷涌状动脉出血不止时，可暂时采用指压法止血，或在出血肢体伤口的近端扎上止血带。在扎上止血带后，应做好标记并注明时间，同时每20分钟需放松一次，以防止肢体因缺血而发生坏死；

④ 对于骨折情况，应进行简单的固定措施，以确保患者的安全。

◆ 请您思考

家长在带学前儿童过马路时,是牵着学前儿童的手掌,还是他的手腕?为什么?为什么不建议学前儿童坐在小汽车的副驾驶位置(包括由家人抱坐)?

学前儿童乘车应注意的危险防范

1. 关启门窗夹击伤害

当车门开启时,若未能完全推至定位,那微微的回弹力可能会意外夹伤孩子的手指。而电动窗的简易操作同样潜藏着风险,其动力可能足以夹伤手指,甚至更为严重的头颈部。

为了应对这一风险,当儿童乘车时,务必避免让他们自行操作门窗的开关。如有需要开关门窗,请家长亲自代劳,确保孩子的安全。

2. 车门误开致命伤害

儿童天生活泼好动,但他们的自我保护意识尚未成熟。特别是在车辆高速行驶的过程中,如果孩子不慎误操作打开了车门,极有可能导致他们被抛出车外,造成严重的伤害。

为了预防此类意外发生,自驾出行时,请确保有家长在后排看护儿童,并且务必开启汽车儿童锁功能,以加强安全防护,确保孩子的安全。

3. 紧急刹车惯性伤害

在紧急刹车的情况下,儿童由于头部相对于身体较大,其颈部极易受到过大的惯性冲击,从而引发伤害。与成人相比,儿童的颈部受力更为显著,特别是婴幼儿的骨骼尚未发育完全,因此其颈部更为脆弱,一旦受伤可能是致命的。

为了应对这一风险，自驾出行时，务必为孩子配备儿童专用的安全座椅或安全坐垫。这些专为儿童设计的座椅和坐垫能有效减轻急刹车时颈部受到的冲击，从而显著降低伤害风险。

4. 误吸零食窒息伤害

当孩子乘车时间过长需要进食时，应避免给予颗粒状食物。因为在车辆经过颠簸路段或紧急制动时，儿童食用果冻、糖果、小饼干等零食可能不慎吸入气道，造成气道梗阻，引发窒息，从而危及生命。

为了应对这种情况，家长可以采取一种称为"海姆立克急救法"的措施。这种方法通过抱起孩子，将孩子倒置过来并适当压肚子，利用冲击顶压的方式，增加孩子的腹内压和胸内压，以试图将吸入气道的食物挤出。如果急救措施无法缓解情况，家长应立即将孩子送往附近的医院接受专业治疗。

5. 肢体外移刮碰伤害

孩子的自制力和控制力相对较弱，因此当车窗开启时，他们可能会不自觉地伸出肢体到车外，这样容易被路边的树木、栅栏等障碍物刮碰。更为严重的是，若遭遇同向疾驰而来的后方车辆超车，孩子伸出窗外的肢体还可能被刮碰，带来极大的安全风险。

为了保障孩子的安全，当有儿童乘车时，建议家长不要随意开启车窗锁，或者尽量避免让孩子坐在靠窗的位置。这样可以有效减少孩子伸出窗外的风险，保障他们的乘车安全。

6. 学前儿童乘车注意事项

（1）避免坐前排：上车后，若有座位选择，请务必避免坐在第一排。因为在急刹车时，由于惯性作用，身体会向前冲，而第一排座位前没有阻挡物，这种惯性冲力可能使人被甩出座位，造成严重外伤。

（2）优选左侧座位：为了孩子的安全，上车后应尽量让孩子坐在驾驶员后方的左侧座位，因为这个位置相对于其他座位更为安全。

(3) 禁止头、手伸出车外：请确保孩子的头和手始终保持在车内，不要伸出车外。否则，他们可能会被迎面驶来或后方超速行驶的车辆碰撞，导致骨折、碾伤，甚至头部受伤等严重后果。

资料来源：https://www.sohu.com/a/55281679_371024.（有删改）

十五、学前儿童被拐卖

（一）常见的诱拐儿童的坏人

以下这些人有可能是诱拐儿童的坏人：

(1) 向孩子求助的大人。

(2) 给孩子看宠物照片的大人。

(3) 叫孩子名字的陌生人。

(4) 告诉你孩子家里有紧急情况的大人。

(5) 想给孩子拍照的大人。

（二）预防措施

(1) 务必密切关注儿童的动向，确保他们始终在自己的视线范围内，以防发生意外。

(2) 教育儿童掌握一些基本的生活技能。例如，让他们牢记家庭住址、家长的工作单位及联系电话；教导他们在紧急情况下拨打110求助；教会他们识别警察、军人、保安等穿制服的人员；同时，还要教会他们如果在商场、超市、公园等公共场所与父母走散，应立即寻找穿制服的工作人员，并学习其他"紧急避险"的方法。

(3) 经常提醒儿童保持对陌生人的警惕，教导他们如何识别和应对潜在的危险情况（见图3-14）。

图3-14　不跟陌生人走

（三）学前儿童被拐高发地区及防范方法

1. 小区、公园、绿地

在大型住宅小区的城市公园、绿地等开放性场所，有时会出现看似友善的中年女性，她们会主动与学前儿童的照护者交谈，夸赞孩子聪明可爱，并试图伸手拥抱孩子，但实际上可能抱有不良企图。面对这种情况，照护者必须保持高度警惕，最好迅速带孩子离开当前环境，回到家中或前往有熟人聚集的安全区域玩耍，以确保孩子的安全。

2. 商场、超市、菜市场

在商场、超市、菜市场等繁忙场所，人贩子可能会伪装成购物者，在照护者忙于挑选商品时，以迅雷不及掩耳之势，抱起手推车中或身旁的孩子，然后迅速消失在人群中。因此，照护人在购物时，务必采取安全措施，如使用带子将孩子的衣物牢固地系在自己手上，同时保持警惕，确保孩子始终在自己的视线范围内。一旦发现陌生人试图抱走孩子，应立即大声呼救，并迅速冲上前去夺回孩子，同时拨打110报警电话，以便警方及时介入处理。

3. 幼儿园门口、上下学途中

当孩子行走在人行道上时，为了防范人贩子利用摩托车或面包车进行飞车绑架，建议他们选择与机动车行驶方向相反的人行道，并尽量靠近内侧行走，以确保安全。

4. 公共厕所门口

在公共厕所门口等人群密集的场所，人贩子可能会"蹲守"，他们常常假装好意帮你抱孩子，而转眼间就会将孩子带离。因此，作为照护人，我们必须格外警惕，不要将孩子交给任何陌生人照看，即便是刚刚认识的自称老乡的人也不行，因为人贩子非常擅长伪装和欺骗。

（四）特殊情况防拐卖

1. 隔辈带孩子防拐

（1）务必先引导老人熟悉周边环境，并明确告知他们哪些地方可能存在安全隐患，建议他们尽量不要带孩子前往。

（2）为老人配备手机等通信设备，并在其手机中预先设置好家庭附近警局的紧急联系电话，确保在紧急情况下能够迅速报警或及时联系到孩子的父母。

（3）务必叮嘱老人不要单独带着孩子前往偏僻且人迹罕至的地方，以防不测，避免遭遇坏人强抢孩子的风险。

2. 假日防拐

当家长因故外出，无法立即回家照顾孩子时，务必叮嘱孩子，如有陌生人敲门，切勿轻易开门，即使陌生人声称是父母的朋友也不应例外。

十六、学前儿童走失

（一）预防

（1）对于新入园的儿童，必须安排专人进行监护，确保他们的安全与适应。

（2）教育学前儿童在园内不脱离集体，外出活动时，教师或其他成人需及时清点人数，确保无儿童走失。

（3）当学前儿童离开园所时，务必将其安全交到家长手中。若遇陌生人来接儿童，必须严格核实其姓名及与儿童的关系，并要求提供家长的明确委托电话以作验证。

（4）学前儿童离园后，应安排专人逐一检查各教室，确保无儿童遗留后，再锁门下班。

学前儿童需要掌握的走失自救常识

1. 原地不动

一旦意识到自己走失，请尽量保持原地不动（除非身处马路中央），因为家人通常会回到你们最后分开的地点寻找你。

2. 观察四周

在保持在原地的同时，仔细观察周围的环境，努力寻找妈妈或其他监护人的身影。

3. 大声呼救

一旦看到家人或听到他们在呼唤你的名字，务必大声回应，让他们能尽快找到你。

4. 留意声音

请仔细聆听周围的声音，特别是是否有人在喊你的名字，或商场广播是否正在播报关于你的信息。

（二）应急处理

（1）一旦发现婴幼儿走失，应立即报警，并向警方详细描述儿童的衣着、身高、体貌特征等关键信息。

（2）迅速通知家长，并广泛动员人员沿着可能的路径进行寻找，确保搜索范围全面。

（3）利用媒体平台发布儿童走失的信息，以扩大搜寻范围，请求更多群众协助寻找或提供有价值的线索。

托幼园所一旦出现婴幼儿走失的情况，其应急处理流程如图3-15所示。

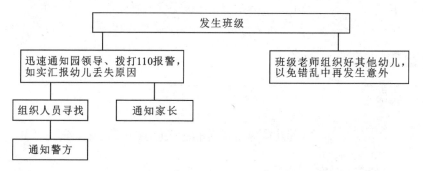

图3-15 走失应急处理预案流程图

◆ 请您思考

学前儿童被拐卖与走失的区别是什么？

技能训练

一、心肺复苏及模拟操作

（一）心肺复苏及其流程

心肺复苏（CPR）是针对心搏骤停和呼吸停止采取的紧急救命技术，旨在恢复患者的自主呼吸和循环功能。

识别心搏骤停（Sudden Cardiac Arrest，SCA）通常并不困难。最可靠且早期出现的临床迹象是患者意识的突然丧失以及大动脉搏动的消失，同时可能伴有濒死喘息或完全呼吸停止。为了判断患者的意识状态，通常会轻轻拍打患者的肩膀并大声呼喊。同时，用食指和中指触摸颈动脉以检查搏动是否存在。如果这两个迹象都不存在，且呼吸异常，即可诊断为心搏骤停，并应立即进行初步急救和复苏。

在心搏骤停后的 5 分钟或更短时间内，迅速有效地进行心肺复苏至关重要。如果能在这一关键时间段内给予救治，患者有可能成功复苏且不会留下脑和其他重要器官组织的严重后遗症。然而，如果延迟至 5 分钟以上才进行复苏，成功率将大大降低，即使复苏成功，也可能导致患者中枢神经系统遭受不可逆性的损害。

基础生命支持（Basic Life Support，BLS），亦称初步急救或现场急救，其核心目标是在心搏骤停后，迅速而有效地通过徒手方法实施复苏抢救，以确保心搏骤停患者的心、脑及全身重要器官获得必要的紧急供氧。按照正规训练的手法，这种急救措施通常能提供正常血供的 25% 至 30%。BLS 的基础包括：准确识别心搏骤停（Sudden Cardiac Arrest，SCA）、迅速启动紧急反应系统、早期实施心肺复苏（CPR）、快速使用自动体外除颤仪（Automatic External Defibrillator，AED）进行除颤。

1. 评估现场环境安全及患者的意识、呼吸、脉搏等

在评估现场环境的安全性后，急救者会轻轻拍打患者的双侧肩膀，并大声询问："你还好吗？"接着，检查患者的呼吸情况。如果发现患者没有呼吸或呼吸异常（即仅有喘息声），应立即启动应急反应系统。鉴于 BLS（基础生命支持）程序已简化，不再包含"看、听和感觉"的步骤，这些步骤被认为既不科学又耗时。因此，根据 2020 年的指南，对于无反应、呼吸异常且没有生命迹象的患儿，非专业救援人员应立即开始心肺复苏，无须再检查脉搏。

2. 脉搏检查

对于非专业的急救人员来说，不再特别强调训练他们检查脉搏。一旦发现患者无反应且无自主呼吸，就应视为心搏骤停并进行相应处理。对于医务人员，他们通常会用一手的食指和中指触摸患者的颈动脉，以感觉有无搏动（搏动点位于甲状软骨旁的胸锁乳突肌沟内）。检查脉搏的时间应控制在10秒以内，若10秒内仍无法确定脉搏情况，应立即开始实施胸外按压。

3. 启动紧急医疗服务（Emergency Medical Service，EMS）并获取AED

（1）一旦发现患者无反应且无呼吸，急救者应迅速启动EMS系统（拨打120），并在条件允许的情况下取得AED，立即对患者实施CPR（心肺复苏术），并在需要时立即进行除颤。

（2）若现场有多名急救者，建议分工合作：一名急救者负责按照标准步骤进行CPR，另一名则负责启动EMS系统（拨打120）并取来AED（如果有条件）。

（3）在救助溺水或窒息性心搏骤停患者时，急救者应先连续进行5个周期（每周期大约30秒，总计约2分钟）的CPR，然后再拨打120启动EMS系统。这样可以确保在等待专业医疗团队到达之前，患者得到初步的有效救治。

4. 胸外按压

确保患者仰卧在平坦的地面上或使用胸外按压板垫在其肩背下方，急救者可选择跪式或借助踏脚凳来优化按压姿势。将一只手的掌根放置在患者胸骨中下1/3交界处，再将另一只手的掌根重叠置于第一只手上，确保手指不接触胸壁。按压时，双肘需保持伸直，垂直向下施加力量，成人按压频率为100～120次/分，下压深度至少5厘米。每次按压后，应允许胸廓完全回复，按压与放松的时间大致相等。在放松时，掌根部不可离开胸壁，以免按压点发生移位。

对于儿童患者，应使用单手或双手在乳头连线水平处按压胸骨；对于婴儿患者，则用两手指在乳头连线下方水平处按压胸骨。可参考图3-16以获取准确的按压位置和方法。

为了尽量减少因通气而中断胸外按压，对于未建立人工气道的成人，根据2020年国际心肺复苏指南，推荐的按压-通气比率为30∶2。对于婴儿和儿童，在双人进行CPR时可采用15∶2的比率。在双人或多人施救的情况下，应每2分钟或5个CPR周期（每个周期包括30次按压和2次人工呼吸）后更换按压者，并在5秒钟内完成转换。研究显示，按压开始后的1~2分钟内，操作者按压的质量会开始下降，包括频率、幅度以及胸壁复位情况，因此及时更换按压者至关重要。

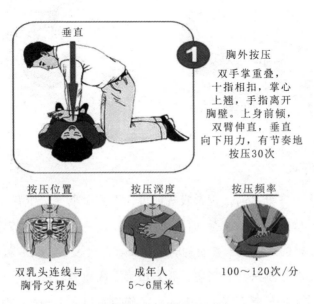

图3-16 胸外按压示意图

5. 开放气道

在2010年美国心脏协会（AHA）的CPR（心肺复苏术）指南中，一个显著的变化是强调了在通气之前就应该开始胸外按压。胸外按压能够产生血流，因此，在整个复苏过程中，都应尽量减少对胸外按压的延迟和中断。同时，需调整头部位置以实现密封，以便进行口对口呼吸。采用30∶2的按压通气比例来开始CPR，能有效缩短首次按压的延迟时间。

有两种方法可用于开放气道以提供人工呼吸：仰头抬颏法和推举下颌法。后者仅在怀疑有头部或颈部损伤的情况下使用，因为这种方法可以减少颈部和脊椎的移动。以下是实施仰头抬颏法的步骤：将一只手置于患者的前额，用手掌推动使其头部后仰；同时，将另一只手的手指置于颏骨附近的下颌下方，并轻轻提起下颌，使颏骨上抬。请参见图3-17。请注意，在开放气道的同时，应用手指清除病人口中的异物或呕吐物，有假牙者应将假牙取出。

气道闭合　　　　　　　　　气道开放

图3-17　仰头抬颏法

6. 人工呼吸

在进行人工呼吸之前，正常吸气即可，无需深吸气。所有人工呼吸（无论是口对口、口对面罩、球囊-面罩或球囊对高级气道）都应持续吹气1秒以上，确保有足够的气体进入并使胸廓起伏。若首次人工呼吸未能使胸廓起伏，可再次使用仰头抬颏法开放气道，并尝试第二次通气。过度通气（多次吹气或吹入气量过大）可能有害，应避免。实施口对口人工呼吸的目的是通过急救者吹气的力量，使气体被动进入肺泡，通过肺的间歇性膨胀来维持肺泡通气和氧合作用，从而减轻组织缺氧和二氧化碳潴留。操作方法如下：将受害者仰卧于稳定的硬板上，托住颈部并使其头部后仰，清理口腔以排除异物。急救者用右手拇指和食指捏紧患者的鼻孔，双唇紧密封住患者的口部，吹气1秒以上，使胸廓扩张。吹气结束后，松开捏鼻孔的手，让患者的胸廓及肺依靠其弹性自主回缩呼气，同时急救者均匀吸气。以上步骤需重复进行。见图3-18。对于婴儿及年幼儿童的复苏，可将婴儿的头部稍后仰，急救者的口唇同时封住患者的嘴和鼻子，轻微吹气入患者肺部。若患者面部受伤，妨碍口对口人工呼吸，可进行口对鼻通气。深呼吸一次，将嘴封住患者的鼻子，抬高患者的下巴并封住其口唇，对患者的鼻子深吹一口气。移开急救者的嘴后，用手将患者的嘴敞开,以便气体排出。在建立了高级气道后,每2~3秒进行一次通气,无须在两次按压间同步进行(即呼吸频率20~30次/分)。通气时,无须停止胸外按压。

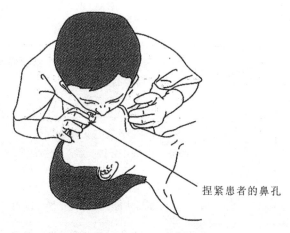

图3-18 人工呼吸

7. AED除颤

室颤是心搏骤停初期较为常见且相对容易治疗的一种心律失常。对于室颤患者而言,若在意识丧失后的3至5分钟内迅速进行CPR(心肺复苏术)及除颤治疗,其存活率将大大提高。

心肺复苏的关键指标要求如表3-2所示。

表3-2 成人、儿童和婴儿的关键基础生命支持步骤总结

内容	建议		
	成人	儿童	婴儿
识别	无反应(所有年龄)		
	没有呼吸或不能正常呼吸(即仅仅是喘息)	不呼吸或仅仅是喘息	
	对于所有年龄,在10秒钟内未扪及脉搏(仅限医务人员)		

续表

内容	建议		
	成人	儿童	婴儿
心肺复苏次序	C-A-B		
按压速率	每分钟至少 100 次		
按压幅度	至少 5 厘米	按压幅度至少为胸部前后径的三分之一 大约 5 厘米	按压幅度至少为胸部前后径的三分之一 大约 4 厘米
胸廓回弹	保证每次按压后胸廓回弹 医务人员每 2 分钟交换一次按压职责		
按压中断	尽可能减少胸外按压的中断 尽可能将中断控制在 10 秒钟以内		
气道	仰头抬颏法（医务人员怀疑有外伤：推举下颌法）		
按压-通气比率（置入高级气道之前）	30∶2 1 或 2 名施救者	30∶2 单人施救者 15∶2 2 名医务人员施救者	
通气：在施救者未经培训或经过培训但不熟练的情况下	单纯胸外按压		
使用高级气道通气（医务人员）	每 2 至 3 秒钟 1 次呼吸（每分钟 20 至 30 次呼吸） 与胸外按压不同步 大约每次呼吸 1 秒时间 明显的胸廓隆起		
除颤	尽快连接并使用 AED。尽可能缩短电击前后的胸外按压中断；每次电击后立即从按压开始心肺复苏		

缩写：C-A-B 代表心肺复苏次序，C-A-B 为英文单词首写字母，C 代表 circulation，指循环，即心脏按压；A 代表 airway，指气道，即开放气道；B 为 breathing，指呼吸，即人工呼吸。传统的心肺复苏在 2010 年前次序为 A-B-C，但 2010 年后，其顺序已经改成 C-A-B。AED，自动体外除颤器。

（二）模拟操作

模拟操作流程见本部分的"（一）心肺复苏及其流程"。可以请1名同学扮演心搏骤停儿童（或直接取来心肺复苏模拟儿童），然后由操作者对扮演者（或模拟儿童）按照前述的流程进行相应的处理，一边处理时，一边还可以进行相应的解释说明（或强调）。在模拟操作过程中，特别要注意提醒表3-2中的关键数字指标。

二、儿童擦伤简易处理模拟操作

模拟操作流程见本单元前面的"三、（一般）轻微外伤"中的"（三）擦伤"。可以请1名同学扮演擦伤患儿，然后由操作者对扮演者按照简易处理流程进行相应的处理，一边处理时，一边还可以进行相应的解释说明（或强调）。在模拟操作过程中，特别要注意提醒：擦伤伤口处的脏污、异物等一定要在处理前清洗干净。

三、儿童金属划伤简易处理模拟操作

模拟操作流程见本单元前面的"三、（一般）轻微外伤"中的"（四）划伤"和"（五）轻微割伤"。可以请1名同学扮演金属划伤患儿，然后由操作者对扮演者按照简易处理流程进行相应的处理，一边处理时，一边还可以进行相应的解释说明（或强调）。在模拟操作过程中，特别要注意提醒：金属割伤处的脏污、异物等一定要在处理前清洗干净，然后用碘酒进行消毒处理，后续还需要送往医院注射破伤风抗毒素。

四、儿童扭伤简易处理模拟操作

模拟操作流程见本单元前面的"三、(一般)轻微外伤"中的"(八)扭伤"。可以请1名同学扮演扭伤患儿,然后由操作者对扮演者按照简易处理流程进行相应的处理,一边处理时,一边还可以进行相应的解释说明(或强调)。在模拟操作过程中,特别要注意提醒:类似情形发生时,先要判断是否有骨折,在此基础上再进行扭伤处理;对于扭伤,最主要的是可能形成了瘀伤,因此需要采用"先冷后热"的方式予以应对处理——24小时内冷敷,以起到消肿止痛的作用;24小时后采用热敷,以起到活血散瘀的作用。

五、儿童溺水应急处理模拟操作

模拟操作流程见本单元前面的"四、溺水"中的"(四)应急处理"。可以请1名同学扮演溺水患儿,然后由操作者对扮演者按照应急处理流程进行相应的处理,一边处理时,一边还可以进行相应的解释说明(或强调)。在模拟操作过程中,特别要注意提醒:溺水发生时,心肺复苏要优先于控水,只有呼吸心跳较为明显时,才考虑对患儿作进一步的控水处理,否则,第一时间通过心肺复苏来抢救溺水患儿(多数患儿此时已经呼吸心跳暂停)。至于心肺复苏,其流程按照本部分的"一、心肺复苏及模拟操作"来执行。

六、儿童触电应急处理模拟操作

模拟操作流程见本单元前面的"五、触电"中的"(二)应急处理"。可以请1名同学扮演触电患儿,然后由操作者对扮演者按照应急处理流程进行相应的处理,一边处理时,一边还可以进行相应的解释说明(或强调)。在模拟操作过程中,特别要注意提醒:触电发生时,一定要先切断电源;如果切断不了，则需要用绝缘体将触电患儿推开；如果患儿呼吸心跳暂停，则第一时间通过心肺复苏来抢救触电患儿。至于心肺复苏，其流程按照本部分的"一、心肺复苏及模拟操作"来执行。

七、儿童烧烫伤应急处理模拟操作

模拟操作流程见本单元前面的"七、烧烫伤"中的"（三）应急处理"。可以请1名同学扮演烧烫伤患儿，然后由操作者对扮演者按照应急处理流程进行相应的处理，一边处理时，一边还可以进行相应的解释说明（或强调）。在模拟操作过程中，特别要注意提醒：一开始就及时用干净的凉水持续冲洗浸泡烧烫伤处约20分钟的重要性；同时注意是将烧烫伤处的衣物剪去，而不是脱去，以免脱去衣物过程中的牵扯导致二次伤害；另外烧烫伤处不要涂抹这样那样的药物（或偏方物品），以免后续加大医务人员处理伤口的难度。

八、儿童异物入眼应急处理模拟操作

模拟操作流程见本单元前面的"九、异物入体伤害"中的"1.异物入眼"的"（2）应急处理"。可以请1名同学扮演异物入眼患儿，然后由操作者对扮演者按照应急处理流程进行相应的处理，一边处理时，一边还可以进行相应的解释说明（或强调）。在模拟操作过程中，特别要注意提醒：异物入眼，一般都不能用手揉眼睛；可以用生理盐水或凉白开水清洗眼睛，但不要用成人的舌头去舔眼睛中的异物。

九、儿童异物入耳应急处理模拟操作

模拟操作流程见本单元前面的"九、异物入体伤害"中的"2.异物入耳"的"（2）应急处理"。可以请1名同学扮演异物入耳患儿，然后由操作者对扮演者按照应急处理流程进行相应的处理，一边处理时，一边还可以进行相应的解释说明（或强调）。在模拟操作过程中，特别要注意提醒：不同的异物入耳，其应急处理不尽相同，有的需要侧身单脚跳，以使异物自行脱落；有的是利用小昆虫趋光性将其诱使出来，或者淹毙再取出；有的则需要送医处理。

十、儿童异物入鼻应急处理模拟操作

模拟操作流程见本单元前面的"九、异物入体伤害"中的"3.异物入鼻"的"（2）应急处理"。可以请1名同学扮演异物入鼻患儿，然后由操作者对扮演者按照应急处理流程进行相应的处理，一边处理时，一边还可以进行相应的解释说明（或强调）。在模拟操作过程中，特别要注意提醒：捂住一侧没有异物的鼻子，然后用力擤，使其擤出；两鼻孔都有异物，则在轻按鼻孔深吸一口气的基础上，然后用力呼气，可反复进行数次；圆球状异物需要送医处理。

十一、海姆立克急救法及模拟操作

（一）海姆立克急救法及其流程

海姆立克急救法是由美国医生海姆立克先生于1974年研究发明的一项急救技术，主要用于气道异物梗阻的现场急救，可及时阻止窒息、昏迷、心搏骤停等危险的发生。

1. 识别海姆立克征象

什么时候需要实施海姆立克急救呢？出现海姆立克征象，即"三不1V"，"三不"即不能说话、不能呼吸、不能咳嗽，"1V"即两手交叉呈V字形放在颈部，提示异物卡喉者出现气道完全阻塞，需要立即实施海姆立克急救。

2. 实施海姆立克急救法

（1）站立位海姆立克腹部冲击法。

此种方法使用最为广泛，适用于施救气道完全阻塞的清醒的成人或1岁以上儿童，方法可以记作"剪刀、石头、布"口诀：① 立刻站在被救者身后（若被救者为儿童可以跪在儿童身后），两只手臂伸到被救者身体前方，被救者身体前倾；② "剪刀"：一只手定位在被救者肚脐两横指（剪刀）上位置，这个地方作为冲击点；③ "石头"：接着另一只手握拳（石头），拳眼向内顶在冲击点上；④ "布"：然后将"剪刀"变成"布"包住拳头；⑤ 斜向上角度用力冲击，1秒1次，直至异物从被救者气道排出。如图3-19所示。

图3-19　站立位海姆立克腹部冲击法

(2)仰卧位海姆立克腹部冲击法。

对于意识丧失的气道完全阻塞的被救者,可以采取仰卧位海姆立克腹部冲击法。①立即呼救。②被救者平躺,头偏向一侧,施救者骑跨在被救者髋部。③施救者两手掌根重叠,在脐上两横指处,两手合力快速向内、向上冲击,1秒1次,重复5次。④检查口腔,取出异物,若未排出,重复操作。⑤如发现被救者无呼吸心跳,立即实施心肺复苏。如图3-20所示。

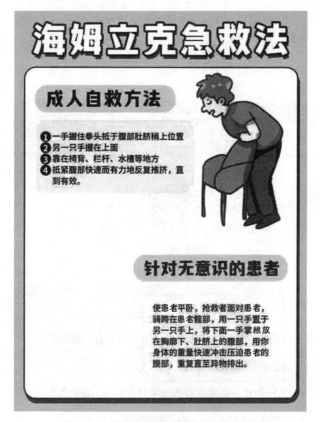

图3-20 仰卧位海姆立克腹部冲击法

(3)海姆立克胸部冲击法。

若异物卡喉者是孕妇或较为肥胖者,可以使用海姆立克胸部冲击法。姿势与站立位海姆立克腹部冲击法一致,将左手的虎口贴在被救者胸骨中部,垂直向内做胸部按压,直到异物排出。

(4)婴儿海姆立克法。

若异物卡喉者是一岁以内婴儿,需立即使用婴儿海姆立克法施救。① 解开婴儿衣领,使婴儿面部朝下俯卧于施救者前臂,头低足高位,施救者坐位或单膝跪地,支撑前臂。② 背部冲击:用掌根向内上冲击婴儿两肩胛骨之间,1秒1次,重复5次。③ 将婴儿翻转成面部朝上,仰卧于施救者手臂,头低足高位,头偏向一侧,检查口腔有无异物排出。④ 胸部冲击:若无异物排出,则进行胸部冲击。食指和中指并列,在两乳头连线中点下方向内上方冲击,1秒1次,重复5次。⑤ 重复以上冲击和检查动作,直至异物排出。如图3-21所示。

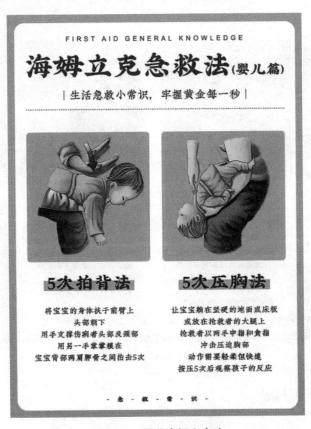

图3-21 婴儿海姆立克法

(5)海姆立克自救法。

当异物卡喉而周围无人时,可以尝试以下两种自救方法:一种类似站立位海姆立克胸部冲击法,一手握拳头,另一只手抓住拳头,快速冲击上腹部;另一种是借助身边的工具,如椅子靠背、桌子边缘等进行腹部冲击。如图3-22所示。

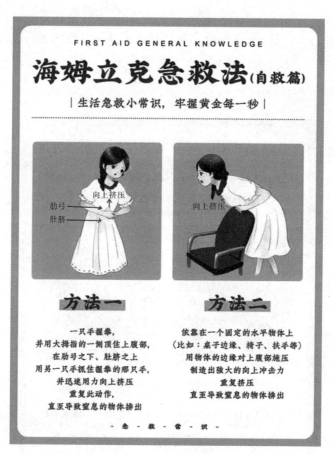

图3-22 海姆立克自救法

(二)模拟操作

模拟操作流程见本部分的"(一)海姆立克急救法及其流程"。可以请1名同学扮演气道异物梗阻儿童(或直接取来气道异物梗阻模拟儿童),然后由操作者对扮演者（或模拟儿童）按照前述的流程进行相应的处理，一边处理时，一边还可以进行相应的解释说明（或强调）。

十二、猫、狗、毒蛇等咬伤伤口清洗模拟操作

模拟操作流程见本单元前面的"十、动物伤害"中的猫、狗、毒蛇等咬伤的相关处理。可以请1名同学扮演被有关动物咬伤的患儿，然后由操作者对扮演者按照应急处理流程进行相应的处理，一边处理时，一边还可以进行相应的解释说明（或强调）。在模拟操作过程中，特别要注意提醒：多数像猫、狗、毒蛇等动物咬伤的毒液呈酸性，所以我们一般都用肥皂水、碱水等彻底地冲洗、清洗伤口，然后再做后续处理。只有像马蜂（黄蜂）等的毒液呈碱性，所以反而要用酸性物质进行涂抹中和。

十三、蜱虫咬伤紧急处理模拟操作

模拟操作流程见本单元前面的"十、动物伤害"中的"（六）蜱虫咬伤"的"2.紧急处理"。可以请1名同学扮演被蜱虫咬伤的患儿，然后由操作者对扮演者按照紧急处理流程进行相应处理，一边处理时，一边还可以进行相应的解释说明（或强调）。在模拟操作过程中，特别要注意提醒：要对蜱虫的可能叮咬有足够的敏感性；注意利用酒精等的涂抹促使蜱虫放松头部，而不是直接用手去拍打或扯拽蜱虫，以免将蜱虫头部留在儿童皮肤内造成更严重的伤害。

十四、儿童危险游戏伤害及教育引导模拟展示

模拟展示流程参见本单元前面的"十一、儿童危险游戏伤害"中的相关描述，必要时可以加入一些符合儿童身份的发挥，还可以加入一些托幼园所

教师的教育引导的发挥。可以请几名同学进行类似的情景剧表演展示。为了使模拟展示的效果更好，可以请学生提前做好设计安排。

十五、儿童交通意外伤害及教育引导模拟展示

模拟展示流程参见本单元前面的"十四、交通意外伤害"中的相关描述，必要时可以加入一些符合儿童身份的发挥，还可以加入一些托幼园所教师的教育引导的发挥。可以请几名同学进行类似的情景剧表演展示。为了使模拟展示的效果更好，可以请学生提前做好设计安排。

十六、学前儿童被拐卖及教育引导模拟展示

模拟展示流程参见本单元前面的"十五、学前儿童被拐卖"中的相关描述，必要时可以加入一些符合儿童身份的发挥，还可以加入一些托幼园所教师的教育引导的发挥。可以请几名同学进行类似的情景剧表演展示。为了使模拟展示的效果更好，可以请学生提前做好设计安排。

单元小结

本单元主要介绍了十六种学前儿童常见的意外伤害：高空坠落、一般跌落（或跌倒）伤、（一般）轻微外伤、溺水、触电、中毒、烧烫伤、中暑、异物入体伤害、动物伤害、儿童危险游戏伤害、劣质儿童玩具伤害、儿童庸医假药伤害、交通意外伤害、学前儿童被拐卖、学前儿童走失等，包括这些伤害的基本情况、发生原因、预防、应急处理措施（流程）等。有些伤害后果很严重，像高空坠落、溺

水、触电、中毒、异物堵塞气管等,如果处理不及时,患儿随时有死亡的风险;有些伤害虽然不足以致命,但也会对学前儿童造成较大的心理影响,像中暑、动物伤害、儿童危险游戏伤害、交通意外伤害、学前儿童被拐卖、学前儿童走失等,处理过程中及事后如果缺乏必要的沟通与教育引导,有可能会给学前儿童带来一生的心理阴影;部分伤害像烧烫伤、动物伤害等,处理得越及时且到位,其效果往往越显著。当然,虽然有各种各样的儿童意外伤害,但我们的第一反应还是希望能将这些意外伤害通过较为严密的预防组织措施,扼杀在萌芽状态。另外,当意外伤害发生后,我们的重点则又转移到尽快进行现场急救,因此,像心肺复苏、海姆立克急救法等急救技术,更是需要学习者重点掌握并能活学活用。其他的各种急救技能,在使用时也需要沉着冷静,因此在学习时也需要勤加练习,力求将这些技能做到内化于心,在遇到紧急情况时能够及时准确地展示出来。

思考练习

1. 简述学前儿童高空坠落、跌倒伤的影响因素及预防措施。
2. 解释说明学前儿童溺水的特征、发生原因及预防措施。
3. 简述学前儿童触电、中毒、烧烫伤的预防措施。
4. 解释说明学前儿童中暑的类型、发生原因及预防措施。
5. 简述儿童危险游戏伤害、儿童庸医假药伤害的预防措施。
6. 解释说明劣质儿童玩具伤害的类型及预防措施。
7. 解释说明学前儿童交通意外伤害的预防及应急处理措施。
8. 试述防止学前儿童被拐卖的预防措施。

9. 简述学前儿童走失的预防及应急处理措施。

10. 操作展示：心肺复苏、海姆立克急救法。

11. 操作展示：儿童擦伤，扭伤，烧烫伤，异物入眼，异物入耳，异物入鼻，猫、狗、毒蛇等咬伤，蜱虫咬伤的应急处理。

第四单元
学前儿童意外伤害的一般预防

情境导入

"学前儿童意外伤害预防不完全是就事论事"

"一提到学前儿童意外伤害的预防,我们的第一反应就是'具体到不同的意外伤害,其预防也是不尽相同的'。"陈老师表示在学前儿童意外伤害预防方面,她是很有发言权的。的确,针对不同的意外伤害,其预防措施也是不一样的。但"有没有一些普遍适用于绝大多数意外伤害的预防措施呢?"当我抛出这个问题时,与谈人员瞬间安静下来,并陷入思考。很快,王老师语气坚定地表示:"不琢磨还好,一琢磨就发现很多意外伤害的预防,其实是殊途同归的。"很快,刘老师也附和道:"不同的意外伤害,预防措施会有区别,但在这些具体措施背后,还是有相通之处的。"

在面对学前儿童意外伤害时,我们必须积极采取行动,制定并实施预防措施。在众多策略中,我们可以总结出一些普遍适用的基本原则。那么,这些普遍性的预防措施究竟是什么呢?通过本单元的学习,我们将会得到明确的答案。

单元学习目标

◆ 知识目标

1. 能分析说明学前儿童意外伤害预防的一般措施;
2. 能解释说明学前儿童意外伤害的国家社会预防措施。

◆ 技能目标

1. 能就学前儿童意外伤害的一般预防措施进行访谈调查,并能撰写出调查报告;
2. 能清晰汇报学前儿童意外伤害一般预防的访谈调查及文献搜集整理情况,并能对他人的汇报提出自己的意见和建议。

◆ 思政目标

1. 逐步养成求真务实、开拓进取的精神;
2. 逐步形成批判性思维和创新意识。

基础知识

一、家庭预防

(一)加强防范意识

除了少数由不可控因素导致的意外伤害,许多伤害实际上源于安全防范意识的薄弱。学前儿童安全防范意识的培养,首要的是家庭的深度参与和重视。家长们应时常向婴幼儿强调安全的重要性,传授给他们一些基础的安全知识,从而增强他们的防范意识,减少意外伤害的发生。尤为关键的是,应结合家庭和社会生活的实际情况,抓住每一个教育契机,培养孩子的安全意识,这种结合实践的教育方式往往比托幼机构的专门教育更为有效和深入。

(二)提高预见性和警惕性

家长应增强对学前儿童意外伤害的预见性和警惕性,深入了解家庭内意外伤害的预防和处理知识,确保儿童在家庭内外都能得到充分的保护。在外出时,要密切关注孩子的活动,及时提醒并制止不安全的行为。一个很好的做法是,家长应定期检查家庭环境是否存在安全隐患,例如确保高层住宅已安装防护栏,开水、药物等危险物品存放在孩子无法触及的地方。具体可参照表4-1,以全面排查和消除潜在的安全风险。

表4-1 儿童家居安全检查表

序号	具体内容	选项	
1	地面保持干燥、不滑,特别是厨房、洗手间和阳台	是	否
2	药品或化学品(成人和儿童用药品、酒精、汽油、清洁剂、农药及酒)等放置在上锁的抽屉和箱子中	是	否
3	窗台边没有可攀爬的凳子和桌子等	是	否
4	窗台上有栏杆(或窗户是儿童不易开启的)	是	否
5	家中的点火用具(如:打火机、火柴等)放在上锁的抽屉中	是	否
6	家庭成员是否都知道发生火灾时从家中撤离的路线	是	否
7	家中装有烟雾报警器	是	否
8	成人用的带尖头的用具和小件物品,如剪刀、刀具、针、珍珠项链、笔帽等放在上锁的抽屉中(或儿童不易取到之处)	是	否
9	电插座已加盖	是	否
10	家中的暖瓶或饮水器放在孩子不易碰到之处	是	否
11	家中低的桌子如茶几等,特别是玻璃桌子的四角为圆角	是	否
12	化学制剂如酒精、汽油、清洁剂、农药等不装在饮料瓶中	是	否

续表

序号	具体内容	选项	
13	家中是否装有一氧化碳探测器	是	否
14	是否把急救电话（119/120）以及急用电话号码放在电话机旁	是	否
15	家长从不让孩子单独留在家中（包括孩子睡着时等）	是	否
16	家长会一些急救措施	是	否

注：回答"是"的越多，家庭的安全环境就越好。

（三）开展安全教育与安全训练

对学前儿童进行安全教育，让他们掌握基础的安全知识，以及进行安全训练，让他们初步掌握意外发生后的应急技能，这不仅是托幼机构的重要职责，更是学前儿童父母（或其他看护人）不可推卸的责任。虽然家长可能无法提供如托幼机构般专业、系统或科学的安全教育与训练，但培养这种安全意识并时常进行教育训练是必不可少的。我们需要时刻关注并付诸实践，真正做到"防患于未然"，为学前儿童的安全成长保驾护航。

（四）培养儿童自控力，引导其树立安全意识

学前儿童天性活泼好动，自控能力相对较弱，这导致他们在玩耍时容易忽视安全，从而可能造成自己或他人的意外伤害。为了预防和减少这类情况的发生，家长在日常生活中应着重培养孩子的自控能力，并引导他们树立安全意识。

◆ 请您思考

有人说，"家庭预防是学前儿童意外伤害预防的'首道防线'，这道防线防住了，其他预防的压力就会小很多。"请问这种说法有道理吗？为什么？

伤害预防

1. 目的和意义

预防伤害是养育人的基本责任，对婴幼儿一生的健康至关重要，也是帮助婴幼儿养成安全意识和行为习惯的重要内容。

指导养育人树立预防婴幼儿伤害的意识，牢记婴幼儿不能离开养育人的视线范围，养成安全看护的行为习惯，提升环境安全水平，掌握常用急救技能，预防婴幼儿伤害发生。

2. 指导要点

（1）加强看护。

① 专心看护。看护婴幼儿时，不应同时使用手机等电子设备，不从事其他非必要活动。多人与婴幼儿一起时，应明确一人负责照护。

② 近距离看护。与婴幼儿保持较近的距离。婴幼儿在水中或水边、高处、身边有动物等情况下，与婴幼儿保持伸手可及的距离。

③ 看护禁忌。不让婴幼儿处在无人看护的状态下，不与婴幼儿做不安全的游戏，不让未成年人看护婴幼儿。

④ 行为示范。养育人自身遵守安全规则，在日常看护中为幼儿做出安全示范，教会其识别伤害风险，提升幼儿的安全意识，帮助其建立安全行为习惯。

（2）营造安全环境。

① 清除隐患。随时排查和清除婴幼儿活动区域内的尖锐物品，可放入口、鼻、耳的小件物品或食物，破损玩具，不安全的运动娱乐设备和电器、药物、化学品等。

② 隔离危险。楼梯、厨房应安装护栏、门栏，将药物、日用化

学品、热物、刀具、电源、电器放置在婴幼儿无法接触到的固定位置，水池、沟渠要安装护栏，水桶、水盆、井等要加盖。

③使用安全产品。选择有安全质量认证的、适龄的玩具和儿童用品。使用儿童安全座椅、家具防护角、窗户锁等安全相关产品。

（3）紧急处置。

①心肺复苏。养育人应主动学习并掌握婴幼儿意识、呼吸、心跳的判断方法，不同年龄段婴幼儿心肺复苏方法。

②常见伤害处置。养育人应主动学习基本的院前止血、包扎、固定、搬运技术。学会用腹部冲击法、背部叩击法、胸部冲击法等，处置婴幼儿气道异物梗阻。掌握烧烫伤后用凉水冲洗、浸泡，安全去除伤处衣物，防止创面感染的现场处理方法。

③虐待暴力处置。注意观察婴幼儿，怀疑婴幼儿遭受虐待或暴力时，应及时寻求专业部门的援助，并向公安机关等部门报告。

资料来源：3岁以下婴幼儿健康养育照护指南（试行）-国卫办妇幼函〔2022〕409号

二、教育机构预防

（一）建立健全安全方面的各项规章制度

建立健全托幼机构的各项规章制度，明确岗位职责，加强监督检查，杜绝意外伤害的发生。

1. 强化对门卫的严格管理

托幼机构应选择责任心强、具备保卫能力的人员担任门卫，负责管理园所的大门。园所大门仅在规定的接送时间内对外开放，其余时间进出人员需严格登记，并核对有效身份证件，严禁随意出入。特别要防止婴幼儿独自离开托幼园所。

2. 建立严格的班级交接班制度

各班级应建立严格的交接班制度,确保在交接时核对幼儿人数,并详细交代特殊事项,如幼儿的身体状况、活动时的安全情况等。同时,对于需要与家长沟通的事宜,也应在交接时明确告知。

3. 建立并严格执行接送制度

为确保幼儿到园所的情况清晰,可制作接送卡,每位幼儿最好由固定人员接送。如遇临时更换接送人,应提前与教师联系并确认身份。若采用校车接送,务必确保途中安全,并在下车时仔细清点幼儿人数,严防遗漏。

4. 建立并严格执行安全检查防范制度

托幼园所应成立由专人组成的安全责任管理小组,定期开展安全检查,分析并预测可能存在的安全隐患,及时排查并整改。同时,园所应定期组织保教人员参加安全学习和有针对性的安全培训,如地震、火灾等逃生演练,提高应对突发事件的能力。

◆ **请您思考**

对于教育机构来说,预防学前儿童意外伤害的措施很多,但为什么一般都强调"各项规章制度要先行"?

(二)创设适宜的教育环境

为了更有效地引导幼儿识别和理解日常生活中的安全标志,我们应鼓励他们主动观察并理解这些标志的含义。在园所的各个安全隐患区域,我们应贴上相应的、大而醒目的警示标志。例如,在电源插座旁贴上"有电危险,请勿触摸"的标志,以提醒幼儿此处存在触电风险;在保温桶旁设置"开水危险,请排队取水"的标志,引导幼儿有序取水,避免烫伤;在阳台栏杆处贴上"禁止攀爬"的标志,以提醒幼儿注意高处安全。这些标志不仅要醒目,还需富有童趣,以吸引幼儿的注意力,从而发挥更好的安全提示作用。

(三)加强幼儿体能训练

在实际生活中,我们观察到平时较少参与体育活动的幼儿更容易受伤,而活泼好动的幼儿由于动作熟练、反应迅速,通常磕碰事故较少。鉴于此,教师应合理安排并充分提供体育活动的时间和空间,组织具有一定强度和密度的体育活动,旨在促进幼儿的身体发展,提升动作的协调性和平衡能力,从而为他们的健康成长奠定坚实基础。

(四)将安全教育活动落实于教学活动或渗透于一日生活的其他环节

教师应充分利用一日活动的各个环节,无论是主动策划活动,还是融入其他活动之中,都应当致力于培养幼儿的意外伤害安全防范意识。例如,在组织幼儿进行户外散步时,教师应提醒幼儿不要将手插在口袋中,以免在跌倒时失去支撑而受伤;在引导幼儿使用大型运动器械时,特别是玩滑梯时,要确保幼儿两腿伸直,双手紧握扶杆下滑;对于玩悬吊设备的幼儿,教师应强调双手必须牢牢抓住吊杆,并指导他们两只手臂交替向前移动,同时,若手上有汗,务必擦干后再进行游戏,以防从吊杆上滑落导致摔伤。

(五)开展安全自护教育

提高儿童及其看护人的安全意识,帮助其掌握安全知识技能,培养儿童安全行为习惯。

(六)主动落实教育机构安全管理主体责任

积极策划并开展儿童防伤害、防暴力、防灾避险以及自救能力的教育活动，并深入思考如何实现教育的常态化以及提升其实效性，同时将安全管理的主体责任牢牢扛在肩上。

◆ 请您思考

学前儿童一旦进入教育机构学习，为什么教育机构就要承担起相应的安全管理主体责任？

托育机构急救物资配置建议

1. 消毒物品：碘伏或碘伏棉签，酒精或酒精棉片，生理盐水或生理盐水湿巾、消毒湿巾。

2. 包扎固定物品：纱布绷带，医用胶带，三角巾，有条件可配备自粘绷带、止血带、网状弹力绷带、不同型号夹板等。

3. 敷料：医用无菌纱布（大方纱、小方纱）、创可贴、干净方巾、棉签。

4. 器械：医用剪刀、镊子、体温计、一次性无菌手套、安全别针。

5. 常用药：退热药、抗生素软膏、补液盐、抗过敏药。

6. 其他：手电筒、急救手册、急救电话卡、紧急联系卡、急救毯、冰袋、退热贴；有条件可配备转运婴幼儿用的担架或平板。

资料来源：《托育机构婴幼儿伤害预防指南（试行）》（国卫办人口函〔2021〕19号）

三、家园沟通联合预防

在培养幼儿的安全防范意识时,教师应积极倡导家长们的紧密配合,因为这一培养过程与家庭生活紧密相连。然而,当前许多家长出于对孩子可能遭遇意外伤害的担忧,错误地秉持"少活动,少出事"的观念。在这种心态驱使下,家长们往往替孩子完成本该由其独立完成的任务,过分限制孩子的行动,从而剥夺了孩子宝贵的实践机会,削弱了他们的自我保护能力。为了改变这一现状,教师应主动向家长们传授日常生活中的安全知识与技能,鼓励家长们在确保安全的前提下,让孩子亲自动手、亲身体验,而非过度干预和代替。这样,孩子们在家长的陪伴与指导下,能够积累直接的安全经验,提升自我保护能力,同时也为他们提供了一个自由成长、自我发展的空间。

(一)教师与家长沟通的联合预防

(1)教师及时向家长反映孩子的情况,也请家长及时把幼儿的情况反映给教师;

(2)平时在班级家长群中给家长多普及儿童意外伤害发生情况和应对措施;

(3)教师定期进行家访,对儿童意外伤害的认识及应对等进行沟通交流;

(4)教师组织儿童意外伤害方面的亲子活动,让家长和幼儿了解并重视儿童意外伤害事件;

(5)教师邀请有相关专业知识的家长来班进行儿童意外伤害预防知识的经验分享。

(二)教育机构与家长沟通的联合预防

(1)教育机构开展儿童意外伤害讲座,并邀请家长和教师积极参加;

(2) 开设家长热线或家长信箱,就儿童意外伤害预防给出建议;

(3) 成立家长委员会,让家长代表与校方领导沟通交流,共同促进幼儿健康成长。

四、国家社会预防

为增强儿童伤害防控的效果,我们应当加大在立法和执法层面对该领域的重视力度。要构建一个跨部门、高效协同的儿童伤害防控工作机制,同时积极倡导和激励社会力量广泛参与儿童伤害防控工作。我们应制定并实施国家及地方层面的儿童伤害防控行动计划,不断探索并大力推广适用于儿童伤害防控的创新技术和方法。在此过程中,我们应优先制定并落实针对流动儿童、留守儿童以及困境儿童等特殊群体的伤害防控措施。

(一)建立健全相关的预防保护政策法规

《世界预防儿童伤害报告》明确指出,立法是预防儿童伤害的重要工具,堪称"以儿童健康为目标的行动之基石"。立法不仅构成了预防儿童意外伤害的基础,更是保障各项措施得以有效执行的根本性手段。然而,我国当前在儿童伤害防控方面的法律体系尚不完善,缺乏全面成体系的法律规定。

目前,我国关于儿童意外伤害的相关立法主要集中在《侵权责任法》和《未成年人保护法》中。《侵权责任法》虽然涉及了产品责任、机动车交通事故责任、医疗损害责任等多个方面,但并未针对未成年人的特殊性和需求进行专门规定,仅在少数条款中提及了未成年人在特定场所(如幼儿园、学校)受到伤害时的特殊处理。而《未成年人保护法》虽然对儿童保护做了原则性的规定,但缺乏具体可操作的条款。例如,第55条虽然要求生产、销售用于未成年人的产品应符合相关标准,但对于未标明注意事项的产品销售问题并未给出明确处理办法。

目前,关于意外伤害预防的条款分散于我国的多部法律法规之中。例如,

《食品安全法》第34条特别针对婴幼儿食品作出规定，明确指出禁止生产经营不符合食品安全标准的专供婴幼儿和其他特定人群的主辅食品，并在《食品安全法实施条例》中强调对此类食品需加强抽样检验。另外，《中华人民共和国道路交通安全法》第64条也规定，学龄前儿童在道路上通行时，应由其监护人、监护人委托的人或对其负有管理、保护职责的人带领。

因此，为进一步加强儿童安全的保障，我国应当制定专门针对儿童意外伤害的法律或法律条文。这包括但不限于：确立与儿童相关产品的明确标准，如食品、药品、玩具、安全座椅、电梯、自动扶梯等的成分、外观、包装、防误操作设计以及警示标志；对于儿童可能间接接触但存在安全隐患的设施、物品，如家用电器、危险物质等，也应制定相应标准。同时，应明确监护人应采取的正确措施，如避免学龄前儿童独处、低龄儿童游泳时必须有成人陪同等。此外，对于产品生产者、经营者、管理维护者，应提出高于一般标准的要求，并明确相应的处罚措施，以从源头上强化对儿童安全的保护力度。

（二）加强执法监督

在执法层面，政府应加大监管力度，采取强制性措施确保法律法规得以有效执行，对违规行为实施严厉处罚，为孩子们营造一个健康的成长环境。具体而言，对于适用于儿童的食品、药品、玩具、用具、游乐设施等，必须在产品设计、原料选择、生产运输等各个环节严格执行国家和行业标准。工商行政管理部门和质量监督执法部门应重点加强这些物品的检验工作。一旦发现产品不符合国家标准或行业标准，或在显著位置未标明必要的注意事项，主管部门应立即责令其改正，并依法给予行政处罚。对于因产品缺陷导致儿童受损的情况，儿童及其监护人既可向生产者请求赔偿，也可向销售者寻求赔偿。

此外，政府还应明确公共场所如游泳池、水库、公园、商场、娱乐场所等的管理者或群众性活动组织者的安全保障责任。例如，游泳池和水库的经营者或管理者应设置醒目的警示标志，告知潜在危险，并配备安全防护设施。

商场和娱乐场所则需确保电梯、游乐设施等设备的安全，定期维护并消除安全隐患。若管理者或组织者未能履行安全保障责任，主管部门将要求其立即整改。若因此导致儿童受伤，相关责任方应承担相应的赔偿责任。

（三）完善监测机制

建立健全国家和地方儿童遭受意外伤害监测体系，通过医疗机构、学校、幼儿园、托育机构、社区、司法机关等多渠道收集儿童伤害数据，促进数据规范化。建立多部门、多专业参与的数据共享、分析、评估和利用工作机制。

（四）形成联防联控机制

儿童意外伤害预防至关重要且刻不容缓，全球多国均对此给予了高度重视，并致力于预先干预以减少伤害。我国在2011年发布的《中国儿童发展纲要（2011—2020年）》中，明确将"减少儿童伤害所致死亡和残疾"列为"儿童与健康"发展领域的主要目标之一，并提出了多部门合作的儿童伤害综合干预行动计划。到了2021年，《中国儿童发展纲要（2021—2030年）》进一步增设了"儿童与安全"发展领域，并制定了更为具体的10个主要目标，包括"排查消除溺水隐患，降低儿童溺水死亡率"以及"减少儿童跌倒、跌落、烧烫伤和中毒等伤害的发生、致残和死亡"等，旨在更全面地防范儿童意外伤害。新纲要中关于"儿童与安全"的12项策略措施中，防范意外伤害占据了显著地位，涵盖了创建儿童安全环境、预防和控制儿童溺水，以及预防和控制儿童道路交通伤害等多个方面，这充分展现了我国政府对防范儿童意外伤害工作的坚定决心和高度重视。为了解决主体责任不明确、组织实施不力等问题，我们需要整合多部门资源，形成紧密的联防联控机制，并建立专门的儿童意外伤害监督管理机构，以进一步明确责任主体和构建高效的组织实施体系。这需要社会各界的广泛支持，包括政府多部门的积极参与，以及学校、社区和家庭的紧密配合，共同为儿童创造一个安全、健康的成长环境。

（五）营造高度重视儿童安全的社会舆论氛围

通过电视、报纸、社区公益讲座及各类活动等多元化渠道，我们致力于营造全社会对儿童意外伤害及其预防、急救的高度关注氛围。同时，我们积极开展面向大众的预防意外伤害技术培训，普及急救知识，旨在提升全体社会成员的安全防范意识，以及应对伤害事件后的快速应变能力，共同为儿童的安全成长保驾护航。

◆ 请您思考

当前国家及社会在学前儿童意外伤害预防方面所展现的力度如何？还可以在哪些方面进一步加强？

技能训练

根据前面对学前儿童意外伤害一般预防措施的文献搜集整理及访谈等，以小组为单位就学前儿童意外伤害的一般预防措施进行汇报交流，在互通有无、交流信息的基础上，对学前儿童意外伤害的一般预防有一更加全面的认识。

大致流程如下：

（1）我们建议以4至6人的小组为单位组织并开展这项活动。在此之前，每位成员都应具备一定的文献搜集、整理能力，并开展访谈（访谈对象可包括教育机构工作者、相关研究者以及学前儿童家长等）。同时，每位成员还需对访谈内容进行深入思考，并以小组为单位进行汇总整理。最后，各小组需依次进行汇报。

第四单元 学前儿童意外伤害的一般预防

（2）每当一个小组完成汇报后，其他与会人员应针对该小组的汇报内容（特别是具体细节）提出建设性的意见和建议，汇报人或该小组的其他成员应给予积极的回应和讨论。

（3）在所有小组的汇报和交流环节结束后，由汇报交流会的主持人（通常是授课教师）对整个活动进行梳理和总结，以便进一步加深大家对学前儿童意外伤害一般预防措施的全面理解和感知。

单元小结

本单元着重介绍了学前儿童意外伤害的一般预防措施，这些措施涵盖了家庭、教育机构、家园沟通以及国家社会四个关键层面。这四个层面的预防措施并非孤立，而是需要全面考虑、综合实施，以便更有效地预防伤害，降低学前儿童意外伤害的发生率。特别地，家园沟通在联合预防中扮演着至关重要的角色，不能仅仅停留在口号层面，而应切实行动。尤其是幼儿园等教育机构，更应积极与家长建立联系，提供科学的预防指导。同时，国家社会层面的预防措施也值得我们高度关注，并应确保这些措施得到具体落实。为了更全面地理解学前儿童意外伤害的一般预防措施，学习者需要灵活运用所学知识，不仅要搜集和整理相关文献资料，进行访谈调研，还应在汇总整理的基础上进行深入的汇报交流，以加深对预防措施的理解和掌握。

思考练习

1. 分析说明学前儿童意外伤害的一般预防措施。

2. 解释说明学前儿童意外伤害的国家社会预防措施。

3. 联系某一所幼儿园或托儿所,访谈其负责人和部分教师,调查了解他们对学前儿童意外伤害一般预防措施的具体看法,结合有关文献资料形成调查报告。

第五单元
学前儿童意外伤害的重点防范

情境导入

"越熟悉越不可大意"

　　学前儿童面临的意外伤害类型繁多，发生的场所和涉及的设施设备也各不相同。然而，不论是教育工作者、家长还是专家，在强调学前儿童意外伤害防范的重要性时，他们普遍认同一个观点：学前儿童熟悉的场所和经常使用的设施设备，无论是家中还是教育机构，其安全性并非万无一失。由于习以为常，这些环境和设施反而可能更容易引发意外伤害。事实上，许多学前儿童的意外伤害就发生在他们最为熟悉、经常玩耍的地方，造成伤害的设施设备也是他们日常接触和使用的。因此，我们不能因为熟悉而掉以轻心，必须时刻保持对意外伤害的警惕。

　　那么，对于不同年龄段的儿童，其意外伤害的防范重点是什么？城镇与乡村儿童在各自的生活环境中，又应如何有针对性地防范意外伤害？学前儿童的家庭和他们所入读的教育机构，在环境和设施设备的防范上又应分别关注哪些方面？这些问题，通过本单元的学习，我们将一一解答，为您提供全面的解决方案。

单元学习目标

◆ 知识目标

1. 能解释说明不同年龄段儿童需要重点防范的意外伤害；
2. 能分析说明城镇儿童意外伤害的防范重点；
3. 能分析说明乡村儿童意外伤害的防范重点；
4. 能分析说明学前儿童家庭需要重点防范的场所及设施设备；
5. 能分析说明学前儿童所入读的教育机构需要重点防范的场所及设施设备；
6. 能解释说明常见公共场所对学前儿童意外伤害的重点防范。

◆ 技能目标

1. 能合作调查了解城镇或乡村学前儿童需要重点防范的意外伤害，并进行顺畅的汇报交流；
2. 能合作调查了解学前儿童家庭或所入读的教育机构需要重点防范的场所及设施设备，并进行顺畅的汇报交流。

◆ 思政目标

1. 逐步养成实践出真知、目标引前行的不懈追求精神；
2. 进一步形成批判性思维和创新意识。

基础知识

一、不同年龄段儿童的防范重点

（一）3岁以下儿童要特别当心摔断牙

对于3岁以下刚学会走路的孩子来说，摔倒的风险相对较高，一旦摔倒，口腔内的组织往往首当其冲,尤其是牙齿,常常会出现歪斜或断裂的情况。由于孩子的牙齿尚处于生长发育阶段,一旦发生断裂,家长应立即在半小时内将孩子和断牙送往医院,这样可以显著提高断牙的存活率。值得注意的是,断牙掉落在地上可能会沾染污垢,但家长切勿使用自来水清洗,因为这可能会冲洗掉断牙上的牙周膜,影响牙齿的再生。

为了预防此类摔断牙的事故,家中的桌角、椅子等物品应确保不会让孩子轻易撞到或咬到。此外,在用餐时,家长应特别留意婴幼儿,避免他们从餐椅上跌落或牙齿与餐桌发生碰撞。

(二) 2~7岁儿童最喜欢吞食异物

吞食异物的孩子屡见不鲜,从8个月大的婴儿到十多岁的儿童都可能发生,但主要集中在2至7岁之间,这是因为此阶段的孩子对周围物品充满好奇,常用嘴巴去探索世界。一旦发现孩子吞食了异物,切记不要惊吓孩子,也不要尝试通过喂水或食物来促进异物排出,因为5岁以下的孩子在吞食如硬币等异物后,往往无法自行排出,必须立即送往医院。在送往医院的途中,尽量让孩子保持安静,因为哭闹可能增加意外风险。

为了防止这一年龄段的孩子发生此类情况,成人需要特别留心以下几点:

(1) 确保婴幼儿不将细小的异物放入口、鼻中;

(2) 为婴幼儿挑选玩具时,注意其直径应大于2.5厘米;

(3) 将药品、豆类及禁用物品等存放在婴幼儿无法触及的安全位置,避免其误食;

(4) 不让婴幼儿手中或兜里放置发卡、头饰等细小物品,更不可让其带着这些物品入睡。

(三) 0~6岁儿童最容易被烫伤

国家卫生部的一项调查揭示了一个严峻的事实:儿童意外死亡已成为我

国0～14岁儿童死亡的主要原因。在烧烫伤这一领域，0～6岁的儿童尤为脆弱，他们占据了烧烫伤患者总数的23%，其中1岁儿童的占比最高，达到34.3%，2岁和3岁则分别位列第二和第三。多数烧烫伤是由热液引起的，占比高达46%，而由洗澡水过热导致的烫伤显著减少。

作为家长，必须时刻警惕，避免让孩子单独接触热汤等高温物品。因为往往在你转身的瞬间，孩子就可能遭遇烫伤。一旦发生烫伤，迅速用大量干净的冷水冲洗伤口是至关重要的，切勿盲目使用传统方法或土办法涂抹伤口，这可能加重伤势。

为了防范此类意外，家长应特别注意以下几点：

（1）不要同时抱着孩子和拿着高温物品，以免不慎烫伤孩子；

（2）切勿让孩子独自接触高温物品，确保他们的安全；

（3）小心摆放水杯、水壶等容器，防止孩子触碰导致烫伤；

（4）当孩子喝水时，避免他们嬉戏打闹或拿杯子玩耍，以防意外发生。

（四）1～6岁儿童容易出现道路交通伤害

随着经济的蓬勃发展，交通事故导致的儿童伤害死亡率持续攀升，其中1至6岁儿童尤为易受影响。这些儿童在过马路时可能突然加速、中途折返，或从路侧停放的车辆中间或后方横穿马路，甚至在小区道路、停车场玩耍逗留。使用滑板车等滑行工具上路、让孩子坐在自行车车筐中、骑车带孩子时离大货车过近或忽视"开门杀"的风险、乘车时头、手伸出窗外、将孩子单独留在车内、乘车时怀抱孩子或让孩子坐副驾驶等行为，都极大地增加了学前儿童遭遇道路交通伤害（甚至致命）的风险。

此外，由于儿童年龄较小，对危险性的认知程度较低，且往往高估自己的能力，因此，低年龄段儿童发生各种意外伤害的情况较为普遍。因此，成人对低年龄段儿童的安全防范与保护必须格外重视，即要"提高警惕、倍加关爱"。同时，在学前儿童能够理解和接受的前提下，我们应积极开展相应的安全教育，以培养他们的安全防护意识和自我保护能力。

第五单元　学前儿童意外伤害的重点防范

> ◆ 请您思考
>
> 除了上述四个重点防范的意外伤害，您还知道哪些不同年龄段需要重点防范的意外伤害？

二、城镇儿童的防范重点

（一）城镇儿童常见意外伤害

1. 交通意外伤害

鉴于城镇道路交通的发达程度及机动车辆、非机动车辆的高度集中，城镇儿童遭遇交通意外伤害的风险显著高于乡村儿童。因此，我们必须将防范工作作为重中之重。

2. 高空坠物

儿童在居民楼下玩耍、停留或经过时，有可能被楼上掉落的物品砸伤。这些物品可能源自外墙装修和安装空调时的意外掉落，也可能是业主不小心碰落阳台上的物品，或是物品的自然掉落。

3.（高空）坠落

婴幼儿在床上跌落的情况较为常见，可能导致骨折、颅脑损伤等严重后果。而在较大城镇中，儿童还可能从窗户、阳台等高层平台跌落，其致死致残率相对较高。鉴于这些后果的严重性，我们需要成人的严密守护和适当的教育引导来共同防范。

4. 扶梯、电梯伤害

儿童在乘坐超市、商场、地铁等公共场所的自动扶梯时，可能会遭遇多种伤害。这些伤害包括头手探出扶梯扶手时被扶梯夹角夹伤、手脚被卷进扶梯缝隙、衣服卡进扶梯缝隙导致勒伤甚至勒死等。

155

5. 跌落窨井

在城市建设中，众多地下管道如下水道、煤气、自来水、电力、通信和国防等错综复杂。每隔一段距离，这些管道都会设有通向地面的出口，这段连接管道与地面的部分被称作窨井。由于窨井口通常与地面平齐，为了防止行人跌落，必须配备窨井盖。然而，窨井盖的丢失、损坏或覆盖不严等问题，都可能成为安全隐患，特别是对于那些视野有限、注意力易分散的学前儿童来说，他们更容易成为这些潜在危险的受害者。一旦不慎跌入窨井，孩子可能面临高空坠落伤或溺水的严重后果。

因此，在马路、小区或其他公共场所行走时，我们应教育孩子不要踩踏窨井盖，以免发生意外跌落。相反，我们应该引导他们选择绕行，从井边安全地走过。同时，也要提醒孩子时刻留意路面状况，不要分心东张西望，以免未能及时发现窨井盖或裸露的窨井口，从而确保他们的安全。

◆ 请您思考

为什么说学前儿童跌落窨井的后果都比较严重？

6. 其他

其他常见意外伤害包括使用小区健身器材被夹伤、在超市意外摔伤、被自动铁门夹伤或夹死、坐在购物车上乘自动扶梯摔伤、在游乐场受到伤害、玩餐厅滑梯摔伤、钻进建筑物墙缝被卡住等。

（二）防范措施

（1）请务必远离机动车道。切勿在马路边或马路上嬉戏玩耍，因为这样做极易引发被车辆撞伤甚至丧命的悲剧。在街道上步行或等待车辆时，请始终在人行道内侧行走或等待。

(2) 请避免在居民楼下长时间逗留或玩耍。特别是那些外观破旧、悬挂众多物品的居民楼，或正在进行外墙安装、装修的楼房，这些地方极易发生高空坠物事件。

(3) 切勿让儿童独自乘坐自动扶梯。儿童的手脚容易被卷入扶梯缝隙，或头部被扶梯扶手与楼层夹角夹伤，存在严重的安全隐患。

(4) 请切勿将儿童单独留在车内。机动车内对儿童来说并非安全之地，除了车辆可能自燃外，密闭空间内的气温会迅速上升，极易导致孩子缺氧、脱水昏迷，甚至窒息死亡。

(5) 请特别注意窨井盖，并远离未覆盖或损坏的窨井盖。

鉴于城镇儿童意外伤害中，交通意外伤害、高空坠物以及坠落伤害尤为突出，因此，我们应将防范工作的重心放在以下几个方面：①加大交通监管与执法力度，确保道路安全；②深入推广儿童交通安全教育，提高儿童的安全意识；③提升建筑工程的安全质量，并加强安全防护措施，以保障儿童在日常生活环境中的安全。

三、乡村儿童的防范重点

（一）乡村儿童常见意外伤害

1. 溺水

在乡村，水塘、小河、沟渠和水库等地是儿童溺水的高风险区域。即使孩子并非主动前往这些水域游泳，但由于这些多水环境在乡村随处可见，孩子们在附近玩耍时也容易意外落水。因此，成人必须教育和监督孩子，切勿私自前往这些场所游泳或玩耍。

2. 猫狗咬伤

乡村家庭普遍有散养狗、猫等动物的习惯，而学前儿童在与这些动物接触时往往缺乏自我保护意识，从而增加了被咬伤的风险。成人应教育孩子不要随意逗弄猫狗等小动物，避免拍打、拉扯它们或触碰其敏感部位。当孩子靠近宠物时，成人应进行有效看护，确保孩子的安全。

3. 锐器伤

锐器伤通常是由刀、剪、玻璃片或锋利的农业工具（如铁锹、锄头、铁耙等）造成的。这些锐器在乡村家庭中很常见，如果不加以注意和防范，学前儿童很容易受到伤害。为了避免这类伤害的发生，乡村家庭应尽可能避免让孩子接触到这些锐器，确保它们存放在孩子无法触及的地方。

4. 误服农药

乡村家庭在种植农作物时，通常会使用除草剂、除虫剂等农药。这些农药如果存放在孩子容易发现或触及的地方，就会大大增加误服的风险。特别是当成人将未用完的农药放在矿泉水或饮料瓶中时，后果更是不堪设想。因此，成人除了教育孩子不要随意食用来历不明的食物外，还应特别注意将农药存放在孩子看不见、够不着的地方，并严禁使用食品包装袋（瓶）来盛放农药。

> ◆ 请您思考
>
> 误服农药是不是乡村学前儿童常见的意外伤害？如何避免此类情况发生？

5. 烟花爆竹伤

与城镇相比，春节期间的乡村在预防儿童烟花爆竹伤害方面需要特别加强注意。近年来，随着城市"禁燃禁放"政策的推行（尽管近一两年部分城市有所放宽），城镇儿童燃放烟花爆竹的现象已不多见，但在乡村，这一传统习俗仍然十分普遍。为了预防因燃放烟花爆竹导致的伤害，家长和孩子们应当遵循以下安全准则：

（1）选购烟花爆竹时，务必前往正规场所，确保产品质量合格。

（2）学前儿童在燃放烟花爆竹时，必须有家长陪同，并在家长的指导下进行。

(3) 切勿手持燃放,确保烟花口不指向他人,避免发生意外。

(4) 切勿抛掷鞭炮或在燃放时嬉笑打闹,烟花爆竹并非玩具,需要谨慎对待。

(5) 如遇到"哑炮",千万不要立即上前查看,以免发生危险。

(二)防范措施

(1) 全社会应高度重视乡村儿童意外伤害的安全问题,如严格禁止儿童越过湖泊、河道等旁边设立的防护栏进行游泳或攀爬。

(2) 应积极开展乡村儿童意外伤害急救知识的培训,提升应对突发事件的能力。

(3) 家庭中的常用农具和农药应放置在孩子无法触及的安全位置,以防止意外发生。

(4) 对乡村儿童的家长或监护人进行健康教育,强调儿童安全的重要性,并鼓励外出务工的家长经常回家探视,关注孩子的安全与健康。

(5) 当孩子被动物袭击后,应立即前往医院接受专业的消毒处理,并在医生的指导下接种狂犬病疫苗;若孩子遭遇外伤,需及时消毒并前往正规医疗机构进行伤口的彻底清创和处理,同时密切关注伤口的发展情况。

乡村儿童面临的意外伤害中,溺水、猫狗咬伤、误服农药以及烟花爆竹伤害等较为突出,此外,留守儿童因缺乏有效管理而引发的伤害也不容忽视。因此,防范工作的重点应放在以下几个方面:①强化儿童的看护责任,确保儿童在家长或监护人的视线范围内;②妥善存放易燃易爆物品及农药等危险品,避免儿童接触;③特别关注留守儿童的安全与健康,为他们提供更多的关爱与管理,以预防潜在的安全风险。

◆ 请您思考

乡村留守儿童是不是更容易发生意外伤害?如何进行综合防范?

四、家庭需要重点防范的环境及设施设备

（一）学前儿童居家意外伤害的高发场所

学前儿童居家意外伤害的物理环境因素，是指家庭内部环境中那些容易导致儿童受伤的各种危险因素的总和。这些危险因素主要源于人为构建的人工物理环境，包括室内装修、各类家具和生活用品等。据相关文献报道，厨房、客厅、阳台、卫生间和浴室以及卧室，都是学前儿童居家意外伤害的高发区域。

1. 厨房

厨房是一个集水电于一体的场所，空间结构相对紧凑，内部设有煤气灶、电磁炉等高温设备，以及菜刀、剪刀等锋利器具，还有电饭煲、微波炉等大功率电器。对于0～6岁的儿童来说，他们正处于身体快速发育期，好奇心旺盛，对复杂设施的空间有着强烈的探索欲望。因此，当儿童独自进入厨房时，容易发生居家意外伤害。厨房中的设备电源插座若未使用胶带或绝缘盖进行覆盖，或电源线被放置在儿童容易触及的位置，都可能导致儿童触电的风险。同时，高温食物、高温厨具和火柴等易燃物品若存放在桌柜边缘，且厨房门侧缺乏阻止儿童单独进入的安全设施，这些都可能增加儿童烧烫伤的风险。此外，若将清洁剂、锐器等物品放在儿童容易触及的低处，可能导致儿童误食清洁剂或发生锐器伤害。

厨房安全，我们可以这样做

在带孩子进入厨房时，请在厨房附近放置一个灭火器；电话机附近备有急救电话号码。

当孩子在厨房时，要有人监管。无论孩子是在厨房帮助做家务还是看大人干活。

在厨房做饭菜时，不要抱着孩子。

所有放在炉灶上的锅子，把手都要向内摆放。

当有食物在炉灶上，要特别小心。

当孩子在炉灶附件时，要特别注意看护好孩子，不要让孩子从炉灶上或微波炉中取食物。

热的食物和液体不要放在桌子的边缘。当热的食物放在桌布和垫子上时，要特别注意孩子有可能拉扯桌布和垫子，打翻容器，引发意外。

厨房电器在不用时应切断电源，同时不让孩子接触电源开关。

永远不要在煮食物时，让孩子无人看管，这是第一重要的原则。

资料来源：中国疾病预防控制中心慢性非传染性疾病预防控制中心，全球儿童安全网络-中国.爱，从安全做起——儿童意外伤害预防指导[M].北京：人民卫生出版社，2008：71-79.

2. 客厅和阳台

客厅和阳台通常是学前儿童进行游戏和学习的核心区域，这里的家具设施种类繁多，复杂多样，因此容易发生跌倒/坠落伤、外力伤、中毒伤以及异物伤等意外伤害，其中跌倒/坠落伤尤为常见。深入分析这些伤害的原因，我们发现：

客厅内部分家具设施未能遵循"5S"安全检查原则。具体来说：

① See：物品设计未能充分考虑儿童视角。

② Size：部分家具尺寸并不适合儿童使用。

③ String：绳类物品拉伸后长度超过22cm，存在安全隐患。

④ Superface：物品表面及其相关部分存在隐患。

⑤ Standard：部分物品未能符合安全标识的要求。

特别地，跌倒/坠落伤的危险因素包括：大体积衣柜带有自动锁定装置且缺乏通风口，地面有电线缠绕形成绊倒风险，地毯铺设不牢固容易滑倒；阳台和落地窗未安装安全护栏，增加了儿童坠落的风险。

外力伤的危险因素则主要源于家具的尖锐棱角，以及翻门翻板关闭时所需的力度超过 8 N，可能导致儿童在操作时受伤。

中毒伤的危险因素通常源于化学药品、杀虫剂等危险品存放在儿童易于触及的地方，或者使用饮料瓶来盛装有毒试剂，这些行为都可能增加儿童误食有毒物质的风险。

最后，异物伤的风险主要源于客厅内放置的大量小型部件，以及儿童玩具尺寸过小，容易被儿童误吞，导致消化道堵塞等意外伤害。

3. 卫生间和浴室

卫生间和浴室的安全隐患尤为突出，除了常见的跌倒和烧烫伤风险外，还容易发生溺水和误食。由于这两个空间大量使用水，若马桶盖未关闭或缺乏安全锁，浴缸内存水过多，都可能导致儿童溺水。合并的浴室和卫生间地面常湿滑，若未铺设防滑垫，极易引发跌倒。此外，洗浴液、化妆品等化学物品若存放不当，可能导致儿童误食；剃须刀、刀片等锐器易引发割伤；吹风机等电器若存放在马桶、浴盆和水槽附近，则存在电伤或烧伤的风险；无自动控温的热水器更是烫伤事故的隐患。

4. 卧室

卧室作为学前儿童的休息区域，虽然空间宽敞、结构简单，但同样存在安全隐患。主要风险包括跌倒/坠落伤、异物伤和动物伤。儿童床若摆放靠近热源，如散热器和空调，或带有护栏的床缝隙过大，都可能导致儿童受伤。家中养有大型宠物，若宠物有进入卧室或上床的习惯，且卧室房门无防止宠物进出的安全装置，也增加了儿童受伤的风险。

5. 家庭周围

家庭周围的环境，如庭院、马路、沟渠、河流等，同样需要引起高度重视。农村地区，家畜、家禽以及蛇、马蜂等常见动物都可能对儿童构成威胁。庭院中的水井、水缸，以及附近的沟渠、河流，都是学前儿童溺水的潜在危险源。家庭住所靠近马路时，家长需特别留意孩子的活动，避免孩子在马路附近玩耍，特别是不要让孩子在路边踢球，以防被过往车辆伤害。

◆ 请您思考

除了上述需要重点关注的场所外，您还知道哪些家庭场所需要重点防范？

（二）家庭需要重点关注的设施设备

1. 服装上的绳带

学前儿童的夹克衫、兜帽和运动衫上的绳带可能带来窒息等风险，但遗憾的是，仅有少数家长意识到了这一安全隐患。这些绳带容易卡在游乐设施、自动扶梯、校车、地铁（或高铁）自动门、自行车轮子以及栅栏的缝隙中。因此，建议家长尽量避免给孩子穿戴有绳带的衣物，以确保孩子的安全。

另外，挂在孩子脖子上的钥匙绳也同样存在安全隐患，需引起家长的高度重视。

2. 插座

虽然许多人知道塑料圆盘可以防止孩子将钉子、铁丝等导电物体插入插座，但这种保护装置的持久性并不强，容易脱落或被孩子抠出。为了避免触电风险，建议家庭安装带有漏电保护开关的插座，这些开关能在人体接触电流时迅速切断电源。

3. 电热毯和热水袋

请不要在儿童的床上使用电热毯，因为当孩子感到热时，电热毯可能已经非常烫了。若孩子需要使用热水袋,请确保水温不超过50℃,并在外部包裹织物套,避免橡胶与儿童皮肤直接接触,以防烫伤。

4. 药物

数据显示,药物中毒在儿童中毒案例中占比较高。由于学前儿童对药物的理解能力有限,他们可能无法分辨药物的治疗和毒性。因此,建议家长将家中的药物妥善锁存,避免孩子接触。

5. 梯子和楼梯

梯子和楼梯对学前儿童具有较大吸引力。使用后,请将梯子妥善放置,避免孩子因好奇而攀爬导致跌落。对于有楼梯的家庭,也需特别留意婴幼儿在无人看护时独自上下楼梯的情况。建议安装楼梯防护栅栏,提高家庭安全性。

6. 未牢固固定的架子

家庭中的书架、鞋架等若未牢固固定,其上物品掉落可能对学前儿童造成危害。为确保安全,建议使用螺丝将架板拧紧或将架子固定在墙上。

7. 餐桌桌布

请避免在餐桌上铺桌布,尤其是当桌上放置有茶壶、水杯等物品时。因为年幼的孩子可能会拉扯桌布,导致物品翻倒,热水溅出烫伤孩子。若需使用桌布,请务必用夹子或其他设备固定好。

8. 镜子和玻璃

为防止孩子跌倒时打碎镜子或门窗上的玻璃造成伤害,建议在玻璃上贴上即时贴或涂上颜色以引起孩子注意。同时,可以在玻璃和镜子上贴上一层特殊的透明薄膜,即使玻璃破碎,碎片也会被黏贴在薄膜上,减少割伤风险。

9. 窗户

婴幼儿攀爬阳台栏杆或窗台的速度非常快,因此请避免在窗户前放置座椅或橱柜。为了提高窗户的安全性，可以安装带有安全锁的把手或加装安全防护栏。

（三）学前儿童居家意外伤害的预防和干预

儿童是民族的瑰宝，国家的未来，其健康与否直接关系到国家未来的竞争实力。为了预防和控制儿童居家意外伤害，需要家庭、学校、政府以及社会各方共同携手努力。社会应积极开展定向的宣传教育和帮扶工作，构建完善的儿童意外伤害防护网络。同时，政府应强化儿童青少年保护法律法规的建设，并大力推广"五E干预"策略，即教育干预、经济干预、强制干预、工程干预以及紧急救护。这些措施将共同构建一个更加安全、更有利于儿童成长的居住环境，守护他们健康、快乐地成长。

1.学前儿童居家环境的安全评估

准确识别并排除家庭内环境的安全隐患，是预防学前儿童居家意外伤害的关键所在。目前，国内外学者已研发出多种信效度高且广泛应用的儿童居家环境安全评估量表，其中包括：王孜宇等设计的针对中国城区0～6岁儿童家庭内意外伤害环境量表；王琳等提出的用于排查伤害隐患的5S检查原则；以及Shields等学者研制的CHASE（Child Housing Assessment for a Safe Environment）儿童住房安全环境评估工具。这些量表和原则为我国的儿童居家安全研究提供了有力的工具。其中，中国城区的量表条目详尽，为相关科学研究提供了坚实基础；5S检查原则则通过图示和工具辅助，全面排查家庭隐患；而CHASE评估工具则通过与HQS（Housing Quality Standards）的对比，揭示了与儿童有害的居家环境条件，为我国儿童居家安全研究指引了新方向。

2.创设物理环境友好型家庭内环境

要打造一个物理环境友好型的家庭内环境，需从家具和内部物理环境两方面着手，以有效预防儿童居家意外伤害。对于跌倒/坠落伤，高层住宅应安装安全栏,加固门窗防护栏,阳台栏杆要足够高,床边设置床栏;保持地面清洁干燥,防止儿童滑倒。烧烫伤方面,需注意煤气、电器、高温厨具及食物的管理,避免儿童接触。一旦发生烫伤,应立即使用家庭常备的烫伤药,并遵循STOP程序:去除热源(Strip Clothing)、冷水冲洗(Turn on the Tap)、组织求助(Organize Help)、妥善包扎(Put on Appropriate Dressings)。中毒风险需通过妥善管理药品、消毒剂等有毒物品来降低;喂药时需根据药物剂量与剂型合理操作,误服药物时切勿盲目催吐,以防强酸或强碱性毒物二次伤害。外力伤方面,需加强锐器管理,减少家中的尖角家具及锐利装饰;出现创口时,遵循"压、冲、擦、贴、送"五字处理法。异物伤时,如发生气管异物阻塞,应立即使用海姆立克急救法;异物阻塞其他部位时,应及时就医。动物伤方面,需加强宠物管理,避免其进入儿童休息区,及时处理伤口并送往医院接受免疫治疗。

值得注意的是,不合理的家具设计是导致儿童居家意外伤害的重要因素之一。因此,提倡以满足高效、友好的交互方式为目标的家具设计,不仅要在功能和结构上以理化数据为标准,还需在色彩、肌理、造型等方面考虑儿童的主观感受,借鉴自然元素,实现"人-机-环境"的和谐互动,以满足儿童与家具互动时的身心需求。

◆ 请您思考

您认为充分做好学前儿童居家意外伤害的预防和早期干预,是否很有必要?

学前儿童在家安全锦囊(给妈妈的建议)如图5-1所示。

第五单元 学前儿童意外伤害的重点防范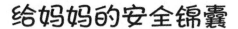

给妈妈的安全锦囊

其实，最重要的安全锦囊就是，尽量不要把孩子一个人放在家里，在家时，尽量不要让孩子长时间离开自己的视线。此外，下面的一些安全提醒，也会对你有些帮助。

妈妈需要注意的安全要点
1 告诉孩子哪些东西是绝对不能碰的，比如燃气灶、热水壶、电源插座、电熨斗等。
2 在使用燃气灶烧热水时，妈妈最好在一旁看一下，因为说不定小家伙儿从旁边路过不小心就碰到它了。
3 有人敲门时该怎么办，是妈妈一定要教给孩子的重要内容。自己单独在家时，有陌生人叫门一律不给开。爸爸妈妈回家，让宝贝开门，一定要明确让他听到你的声音，而不要玩默不作声的游戏。

这些东西用完一定要及时收起来
缝衣服的针、毛衣针、锋利的剪刀、厨房的刀具

尽早让孩子记住5个重要的电话号码
火警：119
匪警：110
急救中心：120
爸爸妈妈的手机号码，可以通过情景游戏，帮助宝贝记忆。比如，你把手机号码给宝贝说两遍，然后让他给妈妈拨个电话。或者，还可以通过数字卡片游戏来完成。比如宝贝先摆出你手机号的第一位数字，你来摆出第二位，他再摆出第三位……

请尽量不要把孩子一个人留在家里尤其是幼儿园阶段的孩子，安全意识还比较淡薄，尝试和探索的欲望也很强烈，比较容易出现安全问题。如果你需要外出，那么不妨把他带上，或者把他交给亲戚朋友帮忙照看。

图 5-1 学前儿童在家安全锦囊（给妈妈的建议）

五、教育机构需要重点防范的环境及设施设备

（一）教育机构意外伤害易发场所

1. 户外活动场所

户外活动场所中的大型玩具，如滑梯、攀登架、小城堡、蹦蹦床等，因

其新颖的造型、鲜艳的色彩和有趣的玩法，常常使孩子们在玩耍时兴奋过度，缺乏自我保护意识，从而极易发生意外伤害。因此，大型玩具区域成为意外伤害的高发地，其发生概率明显高于其他场所。

2. 盥洗室

盥洗室是学前儿童最容易发生意外伤害的地方之一。由于托幼园所的盥洗室多采用地砖铺设，且盥洗池边角用塑料包裹，但一旦地面沾水就会变得十分滑溜。此外，长时间的使用和拖洗，容易使塑料包裹的部分脱落，形成安全隐患。因此，对于盥洗室的安全防范必须予以高度重视。有条件的园所，可以考虑将地砖更换为防滑地板，以降低学前儿童在此区域发生意外伤害的风险。

3. 午睡室

午睡室中，高低床是容易发生危险的区域，因此必须安排专门的教师进行看护，确保孩子们在午睡时的安全，减少意外事故的发生。

此外，托幼园所中，楼房占据多数，教室、楼道、走廊以及上下楼梯等区域也是容易发生意外的地方。因此，这些区域的安全管理同样不容忽视。

◆ **请您思考**

除了上述需要重点关注的场所外，您还知道哪些托幼园所的场所需要重点防范？

（二）教育机构重点防范的设施设备

1. 楼梯

楼梯需确保扶手稳固不脱落，地板螺丝紧固不松动，避免翘边现象；公共走道地面应保持畅通无阻，悬挂物也要牢固可靠，无脱落风险。

2. 桌椅

学前儿童午餐用桌在不使用时，应统一摆放在不易接近的位置，如靠墙处。塑料椅子在不使用时需叠放整齐，其他材质的椅子则靠桌子摆放。教师用椅也应靠墙或靠桌摆放，确保整洁有序。

3. 玩具

由于玩具中可能含有化学物品，购买时应选择正规厂家生产的无污染、环保型玩具。同时，玩具需要定期清洁和消毒，确保学前儿童在玩耍时的卫生安全。

4. 运动器械

托幼机构提供的运动器械应具有年龄适宜性，器械摆放应合理有序。此外，定期对器械设施进行安全检查和维护保养，确保器械的安全性和可靠性。

◆ 请您思考

托幼园所中学前儿童最常用的设施设备，是否也存在不少安全隐患？

（三）防范措施

1. 提升托幼园所环境设备的安全性

（1）注重室内外设施设备的安全检查。

托幼园所室内设施设备的安全检查应重点关注门窗安全、地板和楼梯安全等方面。

① 门窗安全：除大门外，所有门应确保随时能够顺畅开启，并加装门挡以防夹伤手指。门窗的玻璃应采用钢化玻璃，窗户栏杆的间距应小于11厘米，并确保窗下无物品堆积，避免幼儿攀爬。

② 地板和楼梯安全：地板应防滑，卫生间内需铺设防滑垫。楼梯的栏杆间距也应小于11厘米，确保幼儿的安全。

托幼园所室外设施设备的安全检查则应关注户外活动场地、大型器械等。

① 安排专人负责定期对户外器材进行全面安全检查，详细记录并处理发

现的隐患。一旦发现安全隐患,应立即设置警示标志,暂停使用,并及时进行维修。

②大型玩具应明确标注安全使用方法,并配备清晰的安全标准标识。

③学前儿童进行户外器材玩耍时,必须在教师的组织下进行,禁止单独玩耍。教师应确保户外游戏的安全组织,始终把安全放在首位。

④定期对户外活动场地进行清扫,及时清除可能存在的安全隐患。

(2)加强托幼园所内危险品的管理。

我们的管理重点涵盖化学制品和药品。具体而言,药品应存放在学前儿童无法触及的专用药箱中;消毒液、洗衣液、杀虫剂等危险物品应严格锁入储物柜内;此外,我们严禁使用药瓶作为玩具,以确保儿童的安全。

总的来说,托幼园所在设备和组织儿童活动的每一个环节,都必须以保护儿童的身心健康和生命安全为核心。我们需定期对全园环境、设备、场地、大型玩具、房舍以及水电暖设备进行全面检查和维修,一旦发现任何不安全因素,应立即采取预防措施,确保儿童在一个安全、健康的环境中成长。

2. 健全托幼园所安全管理制度

进一步健全托幼园所的安全管理制度应涵盖以下几个方面:

(1)加强对门卫的严格管理。

门卫应由专职保安或具备相应职责的人员担任。对于所有进入园所的人员,门卫需严格查验身份证件并询问来园事由,确认无误后方可放行。若条件允许,门卫还需与园内相关人员进行联系并核实身份。如遇有人强行闯入,门卫应立即报警并通知园所负责人及相关责任人,采取必要措施确保园所内人员的安全。

(2)建立班级的有效接班及幼儿接送制度。

儿童在园所期间,教师应承担起类似家长的看护责任。幼儿离园需经教师同意或家长许可。在交接班及组织儿童活动时,教师应随时清点人数,并与家长进行必要的沟通。儿童来园和离园时,教师应与家长明确交代情况。

(3)建立并严格执行安全检查防范制度。

在组织集体活动时(尤其是户外活动),应有明确的领导和计划,确保全体儿童在教师的视线范围内，防止个别儿童脱离集体。在组织活动前，要进行详细的安全检查，如体育活动要检查场地安全，外出散步或参观要观察周围环境，室内活动则要注意家具的摆放等。同时，禁止在室内组织过于激烈的体育活动，如跑、跳等，教育儿童在室内活动时保持安静，不乱跑乱叫，确保安全。

3. 加强保教人员的教育干预

保教人员作为托幼园所安全防范的核心执行者，通过持续的教育干预，可以显著提升他们对意外伤害的警觉性和预防性，及时发现并排除潜在的安全隐患。同时，教育干预还需确保保教人员掌握预防伤害和急救的基本知识和技能。

4. 培育孩子的自我保护意识和能力

针对学前儿童的年龄和性别差异，开展有针对性的教育和宣传活动，将预防意外伤害的常识融入日常生活和教学之中。我们不仅要为孩子提供被动的防护，更要通过训练和实践，培养他们的自我保护意识和自控能力。

5. 提升孩子的动作发展水平

众多案例显示，动作发展不佳的孩子往往更容易受到伤害。他们可能因重心不稳、平衡感差，在紧急情况下反应迟缓或无法控制身体，从而导致伤害。因此，从孩子入园之初，教师就应鼓励其积极参与体育锻炼，并针对个别动作发展滞后的孩子进行个性化指导，帮助他们提高身体灵活性、反应速度和控制能力。

6. 培养良好的日常行为习惯

这也是减少托幼园所儿童意外伤害的重要途径。例如，教育孩子在活动中听从教师指导，有序进行游戏和活动。通过培养这样的行为习惯，可以显著降低意外伤害发生的概率。

资料卡片

学前儿童上下学安全锦囊如图5-2所示。

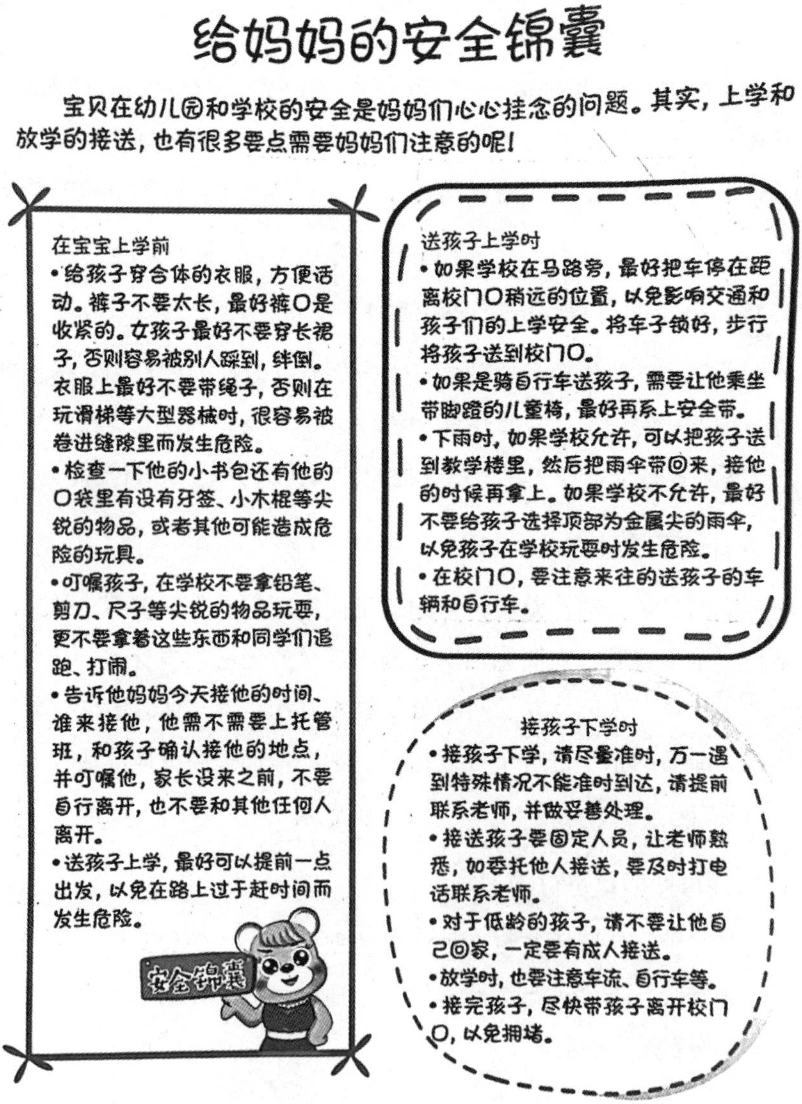

给妈妈的安全锦囊

宝贝在幼儿园和学校的安全是妈妈们心心挂念的问题。其实,上学和放学的接送,也有很多要点需要妈妈们注意的呢!

在宝宝上学前
- 给孩子穿合体的衣服,方便活动。裤子不要太长,最好裤口是收紧的。女孩子最好不要穿长裙子,否则容易被别人踩到、绊倒。衣服上最好不要带绳子,否则在玩滑梯等大型器械时,很容易被卷进缝隙里而发生危险。
- 检查一下他的小书包还有他的口袋里有没有牙签、小木棍等尖锐的物品,或者其他可能造成危险的玩具。
- 叮嘱孩子,在学校不要拿铅笔、剪刀、尺子等尖锐的物品玩耍,更不要拿着这些东西和同学们追跑、打闹。
- 告诉他妈妈今天接他的时间、谁来接他,他需不需要上托管班,和孩子确认接他的地点,并叮嘱他,家长没来之前,不要自行离开,也不要和其他任何人离开。
- 送孩子上学,最好可以提前一点出发,以免在路上过于赶时间而发生危险。

送孩子上学时
- 如果学校在马路旁,最好把车停在距离校门口稍远的位置,以免影响交通和孩子们的上学安全。将车子锁好,步行将孩子送到校门口。
- 如果是骑自行车送孩子,需要让他乘坐带脚蹬的儿童椅,最好再系上安全带。
- 下雨时,如果学校允许,可以把孩子送到教学楼里,然后把雨伞带回来,接他的时候再拿上。如果学校不允许,最好不要给孩子选择顶部为金属尖的雨伞,以免孩子在学校玩耍时发生危险。
- 在校门口,要注意来往的送孩子的车辆和自行车。

接孩子下学时
- 接孩子下学,请尽量准时,万一遇到特殊情况不能准时到达,请提前联系老师,并做妥善处理。
- 接送孩子要固定人员,让老师熟悉,如委托他人接送,要及时打电话联系老师。
- 对于低龄的孩子,请不要让他自己回家,一定要有成人接送。
- 放学时,也要注意车流、自行车等。
- 接完孩子,尽快带孩子离开校门口,以免拥堵。

图5-2 学前儿童上下学安全锦囊

六、公共场所的重点防范

（一）大型商场内的预防

务必确保孩子不攀爬自动扶梯和护栏，注意光滑地板和锐利柜台边角的安全隐患。在商场内走动时，确保幼小孩子始终在您的视线范围内。在人流量大的时候，请紧握年幼孩子的手，以防走失。对于行动不便的婴童，建议将其抱在怀中。

（二）开架超市内的预防

请务必防止孩子将可触及的颗粒食物等放入口中，以避免窒息或中毒的风险。注意孩子在超市内的安全，避免被拥挤的购物手推车撞倒、撞伤或夹挤。同时，留意货架上的商品，确保没有散落或坠落的风险，防止商品砸伤或压伤孩子。时刻保持警惕，远离超市内的重物和易碎品，防止孩子受伤。

（三）游乐场所内的预防

在游玩前，请仔细阅读游乐设施旁的"游客须知"，确保孩子系好安全带或佩戴好安全头盔。对于高速运转的游乐设施，请注意可能带来的高空坠落、落水、摔伤等意外风险。不要让年幼的孩子尝试大龄儿童的游戏项目。幼童在玩游戏时，家长最好陪同，并服从工作人员的指挥。

同时，请注意游乐设施的技术安全问题，避免孩子在争抢或拥挤中受伤。一些刺激或危险的游戏可能带来撞伤、摔伤的风险，请务必保持警惕。

如果发生意外，请立即呼叫救护人员或拨打"120"急救电话。在专业急救人员到来之前，请尽量不要随意移动孩子的体位，若必须移动，请确保头和身体整体移动，并牢固地支撑孩子的头和颈部。针对出血、骨折等急救情况，请立即采取止血、固定等应急措施。

学前儿童在居住社区玩耍的安全锦囊如图5-3所示。

给妈妈的安全锦囊

比起在马路上,小区里虽然车辆会少很多,但是,也会有很多需要注意的细节呢,尤其是运动器械区、小区停车场、车库附近,是需要重点提醒孩子的地方。

小区里的安全要点
- 不要让孩子单独在小区里玩耍。
- 小区的健身器材有一些并不适合小孩子玩。宝宝要玩的时候,妈妈一定要做好安全防护。
- 别人在玩健身器材时,要让孩子离远一点,特别是不要让孩子站在秋千的前后,防止碰到。
- 不要和小朋友争抢健身器械,如果他想玩别人正在玩的器械,要叫他耐心等候。
- 不要在小区的停车场、地下车库以及车库的进出口玩耍、追逐打闹,更不能进到车库里面去玩。
- 不要在高楼下面玩耍,特别是刮大风的时候,更要远离高楼。
- 在小区里玩过之后,回到家一定要让孩子洗手,因为公共场所的设施大家都在使用,难免会沾染细菌。
- 这个年龄的小男子汉们可能开始喜欢在一起玩打仗的游戏了,不妨给他们提供一些安全的道具,或者你可以带领孩子们一起做一些有趣而且安全的游戏。

爸爸妈妈在小区里开车需要注意的安全要点
1. 在倒车时,一定要确认一下车后面是否有小朋友。
2. 车辆出入车库时,一定要慢行,既要避让行人,也要注意别碰到小猫小狗等小动物。
3. 车开到临近小区里面的幼儿园、学校附近时,要及时减速,注意观察,尤其在上下学时间段,更要注意避让小朋友。
4. 当车子开到楼前时,要注意减速,以免有人从楼里突然出来避让不及。

即使在小区里滑轮滑、骑自行车也要戴好护具
不要因为害怕麻烦,或者觉得孩子只是玩一会儿就允许他不戴头盔和安全护具去楼下玩轮滑、打棒球、骑自行车。因为,意外大多是在你认为没问题的时候发生的!而安全护具,可以大大降低他受伤的概率。

图5-3 学前儿童在居住社区玩耍的安全锦囊

技能训练

一、调查了解并汇报交流城镇、乡村学前儿童各自需要重点防范的意外伤害

结合托幼园所的观摩、教育实习或假期社会实践的机会,建议针对城镇或乡村学前儿童这两类群体中的某一类进行深入调查,旨在明确该群体需重点防范的意外伤害类型及相应的防范措施。基于调查结果,撰写一份详尽的调查报告,并在班级内进行交流分享。

具体流程如下:

(1) 建议组建4~6人的小组,选择城镇或乡村学前儿童中的一类作为调查对象。

(2) 小组成员需明确分工,系统收集并整理关于城镇或乡村学前儿童可能遭遇的意外伤害信息,包括意外伤害的类型、为何需要重点防范、如何有效防范,以及必要的案例等。随后,对这些信息进行综合汇总。

(3) 撰写一份关于城镇或乡村学前儿童重点防范的意外伤害的调查报告。报告需自拟题目,明确描述调查对象,并根据调查对象的特点展开详细分析,内容应涵盖前述所有方面。

(4) 以调查报告为基础,各小组依次进行汇报。

(5) 每组汇报结束后,其他与会人员将针对汇报内容提出具体的意见和建议,汇报人或小组其他成员应给予积极回应。

(6) 在所有小组完成汇报与交流后,由汇报交流会的主持人(通常为授课教师)对整个活动进行总结,以强化大家对城镇或乡村学前儿童重点防范的意外伤害的认识与理解。

二、调查了解并汇报交流学前儿童家庭、入读教育机构各自需要重点防范的场所及设施设备

结合托幼园所的观摩、教育实习、假期社会实践的机会,以及日常的观察与思考,建议针对学前儿童家庭或入读教育机构这两类主体中的一类进行深入调查。此次调查旨在明确这两类主体在预防学前儿童意外伤害方面需特别关注的场所及设施设备,并探讨相应的防范措施。在撰写调查报告后,将在班级范围内进行汇报交流。

具体流程如下:

(1)建议组建由4至6人组成的小组,选择学前儿童家庭或入读教育机构作为调查对象。

(2)小组成员应明确分工,系统搜集并整理学前儿童家庭或入读教育机构中需重点防范的场所及设施设备的相关信息。这包括列出具体的场所和设施设备、分析为何这些场所和设施设备需要重点防范、探讨有效的防范措施,并提供必要的案例支持。随后,将这些信息进行综合汇总。

(3)撰写一份关于学前儿童家庭或入读教育机构需要重点防范的场所及设施设备的调查报告。报告需自拟题目,明确调查对象,并根据调查对象的特点进行详细的阐述。内容应涵盖前述所有要点,但不限于这些方面。

(4)以调查报告为基础,各小组依次进行汇报。

(5)在每个小组汇报结束后,其他与会人员将针对汇报内容提出具体的意见和建议。汇报人或小组其他成员应积极回应,进行互动交流。

(6)在所有小组完成汇报与交流后,由汇报交流会的主持人(通常为授课教师)对整个活动进行总结,以加深大家对学前儿童家庭或入读教育机构需要重点防范的场所及设施设备的理解与认识。

第五单元 学前儿童意外伤害的重点防范

单元小结

本单元旨在全面介绍学前儿童意外伤害的关键防范措施。首先,我们梳理了不同年龄段儿童面临的主要意外伤害风险;随后,根据城镇与乡村儿童的不同环境背景,详细列举了各自需要特别关注的意外伤害类型。接着,我们从学前儿童家庭及其就读的教育机构两个维度出发,深入探讨了各自应重点防范的场所和设施设备。最后,我们还简要提及了几类需要特别警惕的公共场所。为了更全面地掌握学前儿童意外伤害防范知识,学习者需将所学应用于实践,不仅需调查并交流城镇与乡村学前儿童的主要防范点,还需深入了解学前儿童家庭及教育机构中需重点防范的场所与设施设备。

思考练习

1. 列举说明不同年龄段儿童需要重点防范的意外伤害。
2. 分析说明城镇儿童意外伤害的防范重点。
3. 分析说明乡村儿童意外伤害的防范重点。
4. 分析说明学前儿童家庭需要重点防范的场所及设施设备。
5. 分析说明学前儿童所入读的教育机构需要重点防范的场所及设施设备。
6. 简要说明常见公共场所对学前儿童意外伤害的重点防范。
7. 联系某一所幼儿园或托儿所,访谈其负责人和部分教师,调查了解他们对学前儿童所入读的教育机构需要重点防范的场所及设施设备的具体看法,结合有关文献资料形成调查报告。

8.访谈3~5名学前儿童家长,调查了解他们对学前儿童家庭需要重点防范的场所及设施设备的具体看法,结合有关文献资料形成调查报告。

第六单元
学前儿童安全教育

情境导入

学前儿童安全教育,"走新"又"走心"

多位受访的专家、教师及家长均认为,关乎千家万户的学前儿童安全教育仍显得"不够安全",许多地方仍停留在理论层面,亟待全社会提升责任感,并切实撰写学前儿童安全教育的"责任书"。当前,托幼机构在进行安全教育时,多数仍然局限于通过集体教育活动来普及安全知识,甚至是向学前儿童及其家长发放安全教育材料,但与实际紧密结合的应急安全演练却鲜有实施。"虽然口头上强调其重要性,但在实际行动中却往往被边缘化,这主要源于思想认识的不深入。"多位托幼机构负责人指出,安全教育本质上是生命教育,尽管在文件中多次被强调,但在执行时却缺乏具体的指导和实施方法。

鉴于学前儿童安全教育的重要性,以及其长期以来被忽视和未得到切实落实的现状,我们必须正视这一问题,并迅速采取有效措施加以解决。那么,如何在内容上使学前儿童安全教育更加深入人心,在方法上创新,以及如何直接面对火灾、地震等紧急情况,并力求将潜在危害降至最低?相信通过本单元的学习,这些疑问将逐一得到解答。

> 单元学习目标

◆ 知识目标

1. 能解释说明学前儿童安全教育的目标、内容；
2. 能清晰描述当前学前儿童安全教育存在的问题；
3. 能分析说明学前儿童安全教育的措施；
4. 能解释说明应对火灾时成人的教育预防措施；
5. 能举例说明地震发生时常见的错误做法。

◆ 技能目标

1. 能设计面向学前儿童家长的安全教育讲座；
2. 能设计面向学前儿童的安全教育活动；
3. 能组织开展发生火灾时学前儿童的紧急疏散活动；
4. 能组织开展发生地震时学前儿童的紧急疏散活动。

◆ 思政目标

1. 进一步养成精益求精、胆大心细、临危不乱的工作（学习）态度；
2. 关心爱护学前儿童身心健康，全身心投入学前儿童教育事业。

> 基础知识

一、安全教育的目标

学校安全教育是学生日常生活得以安全进行的基本保障。为在校学生提供一个安全、安心的学习环境，是学校不可推卸的责任之一。学前儿童安全教育的核心目标在于培养孩子们的安全意识，让他们能够预见潜在的危险，学会如何保护自己的安全，并提升他们的自我保护能力。此外，我们鼓励学前儿童积极参与幼儿园、家庭和社区的安全活动，以实际行动为营造安全环境贡献自己的一份力量。

> ◆ 请您思考
>
> 除了上述所提及的目标，学前儿童安全教育还有没有其他目标？在所有目标中，您认为哪一个是最核心的目标？

二、安全教育的内容

安全教育需要家长和幼儿园密切配合，落实到生活中去，安全教育的主要内容有以下几个方面：

（一）交通安全教育

根据权威部门的统计数据，全国范围内平均每50秒就发生一起交通事故，而每2分40秒就有一人因车祸丧生。令人痛心的是，少年儿童因交通事故死亡的比例占据了全年交通事故死亡人数的10%，且这一趋势还在逐年上升。因此，对幼儿进行交通安全教育显得尤为紧迫和重要。

学前儿童交通安全教育应着重涵盖以下几个方面：

（1）教导他们熟悉并理解基本的交通规则，如"红灯停、绿灯行"，强调行人应走人行道，上街行走时应靠右行，并禁止在马路上进行踢球、玩滑板车、奔跑、做游戏等危险行为，同时强调不可随意横穿马路。

（2）帮助他们认识常见的交通标记，如红绿灯、人行横道线等，并解释这些标记的意义和重要性。

（3）培养他们遵守乘坐汽车、电动自行车等交通工具的安全规定，如严禁将头、手、胳膊伸出窗外，禁止向窗外乱扔杂物，乘坐汽车时应系好安全带或使用安全座椅，乘坐电动自行车时应佩戴安全头盔等。

（4）通过教育，使孩子们树立起交通安全意识，并养成自觉遵守交通规则的良好习惯。

◆ **请您思考**

除了利用角色扮演、小组讨论、情境观摩等传统方式开展学前儿童交通安全教育，我们是否可以进一步探索，借助人工智能技术等现代科技手段，让师生能够身临其境地参与式地开展交通安全教育？

（二）消防安全教育

对于幼儿消防安全教育，我们应当重点涵盖以下方面：

（1）首先要使幼儿明确了解玩火的潜在危险，增强其安全意识。

（2）教授幼儿基础的自救技能至关重要。例如，教育幼儿在火灾发生时，应立即逃离火场，并尽快告知附近的成年人。若不幸被烟雾困住，应使用防烟口罩或湿毛巾捂住口鼻，采取匍匐姿势，在烟雾下方前进，以减少吸入有害烟雾的风险。

（3）组织幼儿参观消防队，观摩消防队员的演习活动，并邀请消防队员详细讲解火灾的起因、消防车的作用、灭火器的正确使用方法以及使用时需要注意的安全事项。此外，进行火灾疏散演习也是必不可少的环节，通过预先规划好的安全疏散路线，让幼儿熟悉幼儿园的逃生通道，确保在火灾发生时，能在教师的引导下有序撤离，迅速离开危险区域。

（三）食品卫生安全教育

幼儿因喜爱零食及好奇探索的天性，常将各种物品放入口中，这增加了食物中毒的风险。为此，幼儿园在严格把控食品采购、储藏、烹饪等环节的卫生标准外，还需重点教育幼儿避免食用腐烂、有异味的食物。在幼儿园中，幼儿误食有毒有害物质的情况屡见不鲜，如不慎误食的彩色毒鼠药、因保教人员疏忽而错放在饮料瓶中的消毒药水等，都可能对幼儿的健康造成威胁。因此，保教人员在日常教育中应着重提醒幼儿不要随意捡拾和饮用不明物质。此外，现代药品的外观吸引人且口感好，容易被幼儿误认为是零食。我们必须教育孩子不得随意服用药物，如需服药，必须在成人的监护和医生的指导下，按照医生的指示进行。在饮食安全教育方面，我们还应注重培养幼儿良好的饮食习惯。例如，教导幼儿在喝热汤或开水前应先吹凉以防烫伤；吃鱼时要仔细挑出鱼刺以防卡在喉咙；进食时避免嬉笑打闹，以免食物误入气管等。这些习惯的养成，将有助于保障幼儿的饮食安全。

◆ 请您思考

当前婴幼儿食品卫生状况如何？如何构建"密不透风"的食品卫生安全防护网？

（四）防触电、防溺水教育

触电是日常生活中较为常见的意外伤害之一，儿童因触电导致的死亡占儿童意外死亡总数的10.6%。在进行幼儿防触电教育时，我们首先要强调，幼儿不应随意接触电器设备，避免拉扯电线，严禁使用剪刀或小刀等尖锐工具触碰电线，更不可将铁丝等物品插入电源插座。其次，一旦发生触电事故，务必教育幼儿不要用手去接触触电者，而应迅速切断电源，或使用干燥的竹竿等不导电物品将电线挑开。

溺水事故在儿童意外死亡中占据了极高的比例。在防溺水教育中，我们首先要明确告诉幼儿，不可私自前往河边或水域附近玩耍。其次，要强调不要将面部长时间闷在水中。再次，幼儿必须明白，不得私自下河游泳。最后，若遇到同伴不慎落水，应立即就近呼叫成年人前来救援，切勿自行下水施救。

（五）幼儿园玩具安全教育

游戏是儿童的天性，玩具则是他们最钟爱的伙伴。在幼儿园的日常生活中，孩子们几乎有一半的时间都在与玩具相伴。因此，加强幼儿的玩具安全教育显得尤为重要。不同类型的玩具，我们需要向幼儿传达不同的安全准则。例如，在玩大型玩具如滑梯时，我们要教导幼儿保持秩序，不拥挤。当前面的孩子还未完全滑下并离开滑梯时，后面的孩子应当耐心等待，避免发生碰撞。在荡秋千时，要强调坐稳并双手紧握秋千绳，确保身体稳定。玩跷跷板时，除了坐稳外，还要双手紧抓扶手，保持平衡。对于小型玩具，如玻璃球，我们要特别提醒幼儿不要将其放入口、耳、鼻等敏感部位，以免引发意外伤害。通过这些细致的安全教育，我们可以帮助幼儿更好地享受玩具带来的乐趣，同时确保他们的安全。

（六）体育活动安全教育

在学前儿童的体育活动中，尽管我们都极力避免安全事故的发生，但鉴于学前儿童活泼好动的天性，意外有时仍会不期而至。因此，教师不仅要掌握拉伤、扭伤、跌伤、碰伤等常见小损伤的简单处理技能和应对措施，更应着重培养学前儿童在运动中的安全意识。这包括教育他们不要随意推搡同伴、摔倒时用手先撑地、不乱扔投掷物、在跳跃或快速奔跑时避免说笑或伸舌头、一旦受伤及时告知老师、运动过热后不宜立即大量饮水等。

教师应时刻提醒学前儿童运动安全的重要性，及时制止不安全行为，帮助他们养成良好的安全运动习惯。此外，教师还可以结合学前儿童的日常生活，通过游戏、讲故事等生动有趣的方式，进行安全教育，提高他们的自我保护意识和能力，确保他们在户外体育活动中能够自我保护、不伤害他人，并严格遵守安全规则。

◆ 请您思考

如何在放手和保护之间取得平衡,以便守护好学前儿童的体育活动安全?

(七) 幼儿生活安全教育

针对幼儿的生活安全教育,家园共育是不可或缺的一环。在幼儿园,为了保障孩子的安全,成人应教育孩子不随身携带尖锐的器具,如小剪刀等。在运动和游戏过程中,要引导孩子保持秩序,避免拥挤推搡;同时,在没有成人看护的情况下,切勿从高处跳下或低处蹦起。教育孩子不爬树、不爬墙、不爬窗台,以及不从楼梯扶手往下滑。在推门时,应推门框而非玻璃,且手不应放在门缝中。乘车时,孩子需保持安静,不在车内走动,手和头不应伸出窗外。上下楼梯时,务必靠右行走,避免推挤。此外,要教育孩子不轻信陌生人的话,未经允许不得跟随陌生人离开。

在家中,家长同样要肩负起安全教育的责任。当幼儿独自在家时,有陌生人敲门时,不可随意开门。家长应教育孩子不擅自操作家中的电器设备,尤其是电熨斗、电取暖器等,以防触电风险。同时,不要让孩子接触电线与插座,避免触电危险。家长还应告诫孩子不独自玩烟花爆竹,以防意外伤害。对于家中的宠物和野生动物,如蛇、蜈蚣、蝎子、黄蜂、毛毛虫、狗等,家长要教育孩子保持安全距离,避免逗弄。此外,在雷雨天气中,要告诉孩子避免站在大树下,以防雷击风险。

◆ 请您思考

有人说,"幼儿生活安全教育,主要应由家长来开展,托幼机构及教师更多的是做好统筹安排",这种说法对吗?为什么?

"儿童与安全"主要目标

1. 减少儿童伤害所致死亡和残疾。儿童伤害死亡率以2020年数据为基数下降20%。

2. 排查消除溺水隐患，儿童溺水死亡率持续下降。

3. 推广使用儿童安全座椅、安全头盔，儿童出行安全得到有效保障。

4. 减少儿童跌倒、跌落、烧烫伤和中毒等伤害的发生、致残和死亡。

5. 儿童食品安全得到有效保障。

6. 提升儿童用品质量安全水平。

7. 预防和制止针对儿童一切形式的暴力。

8. 提高对学生欺凌的综合治理能力，预防和有效处置学生欺凌。

9. 预防和干预儿童沉迷网络，有效治理不良信息、泄露隐私等问题。

10. 儿童遭受意外和暴力伤害的监测报告系统进一步完善。

资料来源：《中国儿童发展纲要（2021—2030年）》

三、学前儿童安全教育存在的问题

（一）安全教育认识偏颇

虽然成人普遍认同幼儿安全教育的重要性，但包括幼儿园教师在内的许多成人对学前儿童安全教育的内涵理解尚不全面和准确。例如，一些家长和教师将幼儿安全教育简单地理解为向幼儿传授基本的安全知识；还有部分成人认为其内涵仅限于确保和守护幼儿的安全；另有一部分人则将其局限于阻止幼儿的危险行为。在谈及幼儿安全教育时，许多成人倾向于将其等同于首要关注幼儿的安全，即在各种活动中过分强调孩子的安全保障。这种观念实际上将幼儿安全教育局限于保护幼儿安全的层面，而忽视了教育引导的作用以及"防患于未然"的预防措施。因此，统筹规划和全面重视幼儿安全教育，特别是教育引导和预防措施，显得尤为重要。

（二）安全教育内容单一

当前的安全教育内容主要聚焦于幼儿园这一具体环境，深入挖掘实际生活中的各个环节，为学前儿童提供了安全教育的切入点，使他们能够深刻理解安全教育的核心理念，并逐步内化相关常识。尽管已取得一定成效，但教育内容仍有待进一步完善。当前的教育方式主要局限于幼儿园内，这仅能让儿童在熟悉的环境中建立起良好的安全意识。然而，一旦他们面对陌生的环境，其安全警觉性可能会大大降低。一方面，幼儿可能在陌生环境中难以察觉潜在的不安全因素；另一方面，他们的安全风险应对能力也可能因环境改变而下降。

因此，针对学前儿童的安全教育应同时考虑他们熟悉和陌生的环境。我们需要拓宽儿童的安全知识领域，让他们学习更为全面的安全知识，以便在任何环境中都能灵活应对，最大限度地避免危险事件的发生。这样的安全教育才能更好地保护儿童的成长安全。

（三）安全教育形式枯燥

学前儿童安全教育，传统上多依赖于成人（包括教师）的说教方式。例如，在幼儿进餐时，成人会提醒他们细嚼慢咽；在下楼梯时，会告诫他们不要嬉戏打闹。这些及时的提醒无疑能在一定程度上规范幼儿的行为，使其更为安全。然而，这种教育方式对不同性格的幼儿效果迥异。对于积极配合的幼儿，通常能取得良好的教育效果；但对于那些性格较为消极或抗拒的幼儿，则可能收效甚微。

为了推进全员安全教育，我们必须转变这一教育形式，确保每个幼儿都能平等地获得学习机会，并取得同等的进步。因此，在安全教育过程中，成人应摒弃枯燥的说教方式，通过增强幼儿的体验感，使他们的学习过程更加生动、高效。这样，无论是哪种性格的幼儿，都能在安全教育中获益，更好地掌握安全知识和技能。

（四）安全教育频次不高

幼儿的一个显著记忆特征是"记得快，忘得也快"，这源于其记忆潜伏期较短。因此，在幼儿园的安全教育中，教师需要特别留意，通过持续、反复的教育活动，将安全教育融入幼儿的日常生活，确保其在不同的情境中都能举一反三地应用。然而，目前许多幼儿园及班级在安全教育的实施上频次较低，有的甚至在一个月内都未能进行安全教育活动，更多的园所和教师仅能做到每月两次的安全教育，其中一次是较为正式的班级集体活动，另一次则相对随意。总体来看，幼儿园及班级的安全教育开展频次亟待提高。

此外，鉴于幼儿个体发展的差异性，教师在实施安全教育时，应当充分考虑到每个幼儿的具体情况，进行个性化的安全教育。然而，目前幼儿园教师在幼儿个别安全教育方面的关注严重不足，这导致了个别幼儿安全教育的极度缺乏。许多教师很少甚至从未关注过个别幼儿的安全教育，仅在家长提出要求时才会进行个别教育。这种情况亟待改善，以确保每个幼儿都能得到充分的关注和保护。

（五）安全教育机制欠缺

安全教育机制是确保安全教育有效推进的关键支撑。其中，家园共育模式在安全教育中具有尤为显著的教育效力，它强调家庭与幼儿园之间的紧密合作，确保安全教育的全面性和连续性。尽管家园共育已成为现代学前教育的重要形式，但受限于家长的各种因素以及该模式自身的不足，其效果往往不尽如人意。

在实际操作中，家园共育模式在辅助安全教育时面临诸多挑战，如协同性不足。由于家长与幼儿园的教育理念和教育方式存在差异，这种差异往往导致双方难以形成有效的合力，从而阻碍了安全教育的高质量开展。

从这一现状来看，安全教育机制的缺失已成为学前教育阶段深入推进安全教育的重大障碍。由于缺乏家园共育的协同作用，安全教育的效果大打折扣，难以达到预期的教育目标。因此，我们需要进一步完善安全教育机制，加强家园共育的协同性，确保安全教育的顺利推进和高质量实施。

◆ 请您思考

除了上述所列举的问题，学前儿童安全教育是否还存在其他方面的问题？

四、安全教育的措施

（一）转换安全教育视角

安全教育不应仅局限于口头告诫和行为规范的传达，而应深入学前儿童的认知层面，引导其深入理解。因为建立在正确认知基础上的行为更具持久性和稳定性。学前儿童自身理解和内在认同的行为，往往比外界强加的禁令更为有效。因此，我们应关注学前儿童的主体意识，从他们的视角出发，审视危险情境和潜在风险，从而制定更具针对性的防范措施。通过这种方法，我们可以帮助学前儿童实现从被动防范到主动防护的转变，确保他们在面临危险时能够自主应对，保护自身安全。

◆ 请您思考

学前儿童在安全问题上主动防护的意义到底有多大？

（二）遵循并促进学前儿童思维发展水平

幼儿的思维主要停留在具体形象思维的阶段，因此，在安全教育时，我们应当充分结合直观情境和具体形象化的素材，如通过儿童情景剧、动画片、绘本等形式，来提升他们对危险情境的感知能力。同时，我们必须确保安全教育的内容与学前儿童不同阶段的思维发展水平相契合。在小班阶段，由于幼儿以具体形象思维为主导，我们应侧重于通过具体事物和情境来引导他们认识和理解安全知识。而到了大班，随着幼儿抽象思维的快速发展，我们可以逐步引入更为抽象和概括性的安全教育内容。此外，由于幼儿的概括性思维尚不够成熟，教师在教育过程中需要积极帮助幼儿进行归纳和总结，以促进他们对安全知识的深入理解和记忆。因此，在对学前儿童进行安全教育时，我们应当从小班到大班，在内容和形式上注重阶段性和层次性，从具体事物的认知逐渐过渡到抽象概念的介绍，逐步深化幼儿对安全知识的理解和认识，从而拓宽他们的学习视野。

（三）丰富学前儿童生活经验

生活经验是学前儿童对意外伤害认知的关键基石，他们的认知构建深深植根于与环境的互动之中。因此，我们应当致力于丰富学前儿童的生活经验，为他们营造一个多样化的环境，鼓励他们与环境进行深入的互动。这不仅包括为他们提供与环境接触的机会，还应当鼓励他们动手实践，满足他们的运动需求，甚至允许他们在安全范围内进行适当的冒险活动。

过度保护可能会剥夺学前儿童通过实践锻炼的机会，导致他们因生活经验不足而无法充分意识到危险，更无法有效地应对风险。因此，我们应当避免过度保护，而是在确保安全的前提下，给予学前儿童足够的自主权和探索空间，让他们在亲身经历中学习和成长。

（四）讲解日常生活中有关安全的小常识

家长们常因担忧意外伤害而严格限制幼儿接触如刀、剪等具有潜在危险的器具。然而，幼儿天生的好奇心往往驱使他们悄悄尝试这些物品。为了降低这种潜在风险，家长可以主动向幼儿解释这些器具的正确用法和用途，并为他们准备专门设计的儿童剪刀。通过陪伴幼儿一同使用这些工具，不仅可以满足他们的好奇心，更能有效地减少意外伤害的发生。

（五）创设安全教育情境，模拟应对策略

围绕相关安全教育主题，我们创设模拟情境，通过师幼或亲子间的模拟练习，让幼儿学习并掌握在危险情况下的应对技能与技巧，确保他们在紧急情况下能够冷静应对。

（六）重视开展户外活动，提高幼儿身体素质

鉴于幼儿身体协调性和灵活性的不足，我们重视户外活动的开展。通过走、跑、跳等基本动作的练习，不仅能够增强幼儿的活动能力，还能提高他们的自我保护能力。这是从根本上预防学前儿童安全事故发生、减轻事故后果严重性的重要策略。

（七）培养幼儿的自理能力和良好的生活习惯

在日常生活中，家长和教师有意识地鼓励幼儿独立完成自己的事情，这不仅锻炼和提升了他们的动手能力，还培养了他们对事物的正确判断力和思考能力。随着幼儿自理能力的增强，他们也能更好地保护自己，照顾自己。

◆ 请您思考

为什么说,学前儿童良好的身体素质、自理能力、生活习惯,可能是保障学前儿童自身安全最关键的因素?

(八) 拓展安全教育内容

在学前教育阶段推进安全教育时,我们常局限于幼儿园的实际环境,而较少涉及社会因素,导致幼儿在陌生环境中仍面临诸多风险,不利于其健康成长。为解决这一问题,我们需要拓宽教育内容,延伸教育视野,将社会安全知识纳入教育范畴,以推动安全教育的全面发展。

在拓展安全教育内容时,教师应充分利用现代教育工具,特别是信息技术资源,提取各方面的信息,为安全教育提供有力支持。通过信息化教学,安全教育可以更加生动、形象,使幼儿更易于理解和接受。同时,教师在引入社会安全知识时,应把握时机,确保引入过程自然流畅。

在实际教育中,教师可以从幼儿园实际出发,引导幼儿探讨社会层面的问题,获取相关安全知识,提升教育质量。例如,在教授上下楼梯安全时,教师可让幼儿思考并讨论除了幼儿园外,还有哪些场所需要保持有序,避免打闹。教师应积极监督并引导幼儿讨论,确保讨论高效且方向正确。讨论结束后,让幼儿自主发言,并鼓励其他幼儿进行补充。在总结阶段,教师可对幼儿的发言进行补充和肯定,利用多媒体呈现幼儿描述的社会场所,使学习更加具体,弥补幼儿想象力的不足,为安全教育的顺利推进奠定基础。同时,通过讨论学习,可以凸显幼儿的不同认知层面,为安全教育的充分展开创造有利条件。

(九) 创新安全教育形式

教育形式的创新是提升安全教育效果的关键。教师应抓住这一机遇,创新安全教育形式,克服传统教育方式的局限性,为幼儿呈现更加生动有趣的安全教育课堂。在实际教学中,教师可以通过游戏融入或情景演绎等多元方式,使安全教育更加贴近日常生活,让幼儿在轻松愉快的氛围中学习安全知识。这种多样化的活动方式不仅能让幼儿充分发挥自身优势,促进个体化发展,还能将安全教育的理论知识应用于实际生活中,为幼儿的日常生活提供有效指导,使他们的生活更加安全。

以交通安全教育为例,教师除了口头提醒外,还应加强日常教育。在幼儿园活动中,教师可以安排幼儿扮演交通角色,如路口指示灯、交警和行人,模拟交通场景,让幼儿在安全通过路口的过程中学习交通法规,提高出行安全意识。在整个活动中,教师应给予幼儿足够的自由发挥空间,不过多干预,以确保活动的自然进行。活动结束后,教师可邀请未参与的幼儿对活动进行评估,从每个幼儿的表现出发,引导他们树立正确的交通观念。同时,教师的适时干预和引导,能够确保评估内容的准确性,并为幼儿提供基本的安全保障。这种教育方式能够全面展现幼儿对交通法规的理解,增强他们的体验感,加强安全教育效果,促进安全教育的全面发展。

◆ **请您思考**

学前儿童安全教育的形式有哪些?比较新颖有效的安全教育形式又有哪些?

(十)开展安全教育协同

安全教育协同是学前教育阶段不可或缺的教育途径。在这一过程中,教师需要家长的紧密配合,共同拓展安全教育的覆盖面。为了实现这一目标,教师需要深入剖析家园共育中存在的问题,并优先解决这些障碍,确保家园共育与安全教育能够协同并进。

要凸显家园共育的协同效果,教师首先需要转变家长的教育理念,引导他们掌握现代的教育方法和思路。同时,教师应根据不同家庭的实际情况,制订有针对性的安全教育计划,为幼儿营造一个更加安全的生活环境。此外,教师还应根据幼儿的实际生活习惯,帮助他们纠正不安全的行为,培养其良好的安全意识和自我保护能力,确保他们能够将所学的安全知识运用到日常生活中。

以幼儿家庭生活中的不安全行为为例,家长可以及时向教师反馈这些问题,并寻求教师的指导和帮助。针对某些家庭工具可能构成的安全隐患,教师应建议家长采取温和的教育方式,避免过度斥责,而是通过耐心讲解和示范,让幼儿了解这些工具的危险性,并学会自我保护。通过这样的教育方式,幼儿能够逐渐认识到安全的重要性,并主动避免与不安全工具的接触。

家园共育协同模式的实施,让家长成为学前儿童安全教育的重要参与者,不仅补充了教师的教育工作,而且在必要时能够及时补位,共同为幼儿的健康成长保驾护航。

◆ 请您思考

什么是安全教育协同?如何才能做好安全教育协同?

五、火灾及其预防与应急

学前儿童无疑是火灾受害者中的高危群体。那么,成人应该如何对孩子进行消防安全教育?如何才能让孩子远离火灾呢?

(一)火灾影响的严重性

烟雾中毒导致的窒息死亡是火灾致死的主要原因。大火燃烧时产生的烟雾中含有高浓度的一氧化碳,一旦人体吸入,这种气体会迅速与血液中的血红蛋白结合,形成碳氧血红蛋白。当血液中碳氧血红蛋白的含量达到10%时,人体就会陷入中毒状态;若这一比例攀升至50%,则会引发窒息,最终导致死亡。

（二）火灾预防的重点场所

1. 厨房

（1）液化气罐与灶台应保持足够的安全距离，并定期检查连接管是否老化。

（2）离家时，务必关闭燃气阀门，严禁私自安装或改动燃气管线。

（3）若发现燃气泄漏，严禁触碰电器开关、拨打电话，确保安全。

（4）定期清理厨房尘垢、抽油烟机和通风管道内的油垢，确保通风良好。

（5）烹饪时，尤其是煲汤、慢炖等长时间用火的情况，不要离开厨房。

2. 卧室（休息室）

（1）使用取暖设备（如小太阳）时，务必远离可燃物，无人时应切断电源。

（2）电热毯避免折叠使用，并不要长时间加热，以防过热引发火灾。

（3）使用蚊香时，应远离可燃物，并确保人离开时蚊香已熄灭。

3. 客厅（活动室）

（1）排插出现电火花时，应立即停用并更换，避免同时使用多个大功率电器。

（2）严禁私拉乱接电线，使用电器前后应进行安全检查与保养。

（3）闲置或使用完的电器应拔掉电源插头，及时更换老化电线。

（4）家庭应常备消防安全"四件宝"：灭火器、防烟面罩、手电筒、逃生绳。

4. 楼道

（1）严禁损坏室内消火栓、消防疏散指示标志、应急照明灯等消防设施。

（2）通往楼顶的疏散出口门应保持畅通，不得锁闭。

（3）常闭式防火门应保持关闭状态，不得敞开或锁闭。

（4）楼道内不得停放车辆或堆放杂物，确保疏散通道畅通无阻。

（5）管道井内不得堆放杂物或私拉乱接电线，管道井防火门应保持常闭状态。

（三）成人的教育预防

1. 严厉禁止孩子玩火

孩子们对火充满好奇，但玩火游戏如烧纸、烧柴草、燃放烟花爆竹、野外烧马蜂窝等，每一种都可能引发火灾。家长必须让孩子深刻理解玩火的危害性和可能导致的严重后果，坚决制止孩子玩火的行为。同时，也要鼓励孩子们相互监督，一旦发现玩火行为，应立即制止并告知老师和家长。

2. 带孩子做一些实地的消防演习

为了让孩子更直观地感受到火灾的危险性，家长可以带孩子参与托幼机构或相关机构举办的消防演习活动。在这些活动中，孩子们可以亲身体验穿消防员服装、乘坐消防车等场景，了解火场逃生的基本知识和技巧。这样的实地体验能够让孩子深刻认识到火灾的危害，并增强他们的安全意识。

3. 教育引导孩子储备正确的消防知识

（1）引导孩子熟悉常见的消防标志，并解释其含义。

（2）与孩子共同规划家庭逃生路线，制订逃生计划，并进行火灾逃生演练，确保孩子熟知并熟悉逃生流程。

（3）教授孩子自救逃生的方法，包括家中常备的消防护具（如消防面具）的正确使用方法。同时，强调火场中的紧急应对措施：迅速打湿毛巾或衣物掩住口鼻、弯腰逃生；衣物着火时，应就地打滚或脱掉外套灭火；穿越浓烟时，保持身体贴近地面匍匐或弯腰前进，并用湿毛巾捂住口鼻。

4. 成人平时做好榜样

家长作为孩子的首要教育者，其言行举止对孩子有深远的影响。因此，家长应以身作则，树立榜样。例如，避免将可燃物如报纸、杂志等放置在炉子或加热器旁；不忘留意正在烹饪的食物；不在同一插座上超载使用电器；使用完液化气或煤气灶后确保及时关闭；在公共场所尊重并保护消防相关的公共设施。通过这些行为，家长可以传递给孩子正确的消防安全观念，确保孩子在生活中形成良好的安全习惯。

◆ 请您思考

有人说，"水火无情，更多时候，火比水更无情"，这种说法对吗？成人应该如何教育引导孩子，做好火灾预防？

（四）应急要点

（1）保持冷静：在火灾发生时，务必根据火势选择最合适的自救方案。切勿因恐慌而导致儿童发生拥挤、踩踏事故。

（2）阻止烟火蔓延：当火势尚未侵入室内时，应立即紧闭门窗，堵塞所有可能的缝隙，以防烟火窜入。如果发现门或墙发热，这意味着火势已经逼近，此时切勿打开门窗。可以使用浸湿的棉被等物品封堵缝隙，并不断浇水。同时，用折成6层的湿毛巾捂住口鼻，若一时找不到湿毛巾，其他棉织物也可代替，其除烟率可达60%～100%，并能滤去10%～40%的一氧化碳。

（3）寻找安全逃生途径：利用周围的地形和设施，选择最安全的逃生方式。首先尝试通过正常楼梯下楼，如果楼梯未起火或火势不大，可以裹上用水浸湿的棉毯、棉被，迅速从楼梯撤离。若楼梯逃生已不可行，可以考虑利用墙外的排水管下滑，或顺着绳索下降。切记，在火灾中切勿乘坐电梯逃生。

（4）及时拨打火警电话并发出求救信号：在火灾发生时，由于呼叫声音不易被察觉，可以通过竹竿等物品挑起颜色鲜艳的衣物，不断摇晃以发出求救信号。同时，迅速拨打火警电话119，告知详细地址和火势情况。

图6-1所示为火灾应急处理预案流程图。

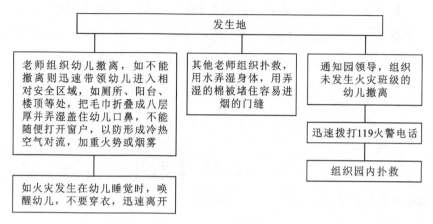

图6-1 火灾应急处理预案流程图

（五）火灾中逃生技巧

1. 毛巾、手帕捂鼻护嘴法

在火场中，由于烟气温度高、毒性大、氧气稀薄、一氧化碳含量多，吸入后易导致呼吸系统损伤或神经中枢中毒。因此，在疏散过程中，务必用湿毛巾或手帕紧紧捂住口鼻。同时，避免顺风疏散，应迅速向上风处转移以躲避烟火的侵害。鉴于烟气多聚集在上部空间且向上蔓延迅速，逃生时应弯腰或匍匐前进，但遇到石油液化气或城市煤气火灾时，则应避免匍匐，以免吸入有毒气体。

2. 遮盖护身法

在逃生过程中，可利用浸湿的棉大衣、棉被、门帘、毛毯、麻袋等物品遮盖全身。确定逃生路线后，迅速冲出火场，到达安全地点。同时，持续捂住口鼻，以防一氧化碳中毒。

3. 封隔法

若走廊、对门或隔壁火势较大，无法直接疏散时，应迅速退入一个房间内,并用毛巾、毛毯、棉被、褥子等织物将门缝严密封死,防止外部火焰和烟气侵入。这样做可以减缓火势蔓延速度,为救援争取更多时间。为保持织物冷却,可不断向其浇水。

4. 卫生间避难法

当火灾发生时,若无法找到其他逃生路径,卫生间可作为一个临时的避难所。卫生间湿度大、温度低,可通过泼水在门和地面上进行降温。同时,水也可从门缝处向外喷射,以达到降温或控制火势蔓延的效果。

> **请您思考**
>
> 为什么说面对火灾应急逃生时,沉着冷静是前提?应急逃生时,哪些细节都是救命的细节?

消防安全常识二十条

1. 自觉维护公共消防安全,一旦发现火灾,立即拨打119报警,消防队救火服务免费。

2. 发现火灾隐患或消防安全违法行为,可拨打96119向当地公安消防部门举报。

3. 切勿损坏、挪用、遮挡消防设施与器材,保持其完好有效。

4. 禁止携带易燃易爆危险品进入公共场所或乘坐公共交通工具。

5. 严禁在禁止烟火的场所使用明火或吸烟。

6. 购买合格的烟花爆竹,燃放时遵守安全规定,确保消防安全。

7. 家庭和单位应配备必要的消防器材,并学习正确的使用方法。

8. 每个家庭都应制订消防安全计划，绘制逃生路线图，并定期检查消除火灾隐患。

9. 室内装修应避免使用易燃材料。

10. 正确使用电器设备，不私拉乱接电源，不超负荷用电，及时更换老化电器和线路，外出时务必关闭电源。

11. 定期检查燃气设施和用具，发现泄漏立即关闭阀门、开窗通风，切勿触碰电器开关或使用明火。

12. 教育儿童远离火源，将打火机和火柴放置在儿童触及不到的地方。

13. 不得占用、堵塞或封闭安全出口、疏散通道和消防车通道，保持畅通无阻。

14. 禁止在床上或沙发上吸烟，不乱扔烟蒂。

15. 学校和单位应定期组织逃生疏散演练，提高应急反应能力。

16. 进入公共场所时，注意观察安全出口和疏散通道，牢记疏散方向。

17. 遇到火灾时保持冷静，迅速采取正确逃生方式，切勿贪恋财物，不乘坐电梯，避免盲目跳楼。

18. 若需穿越浓烟逃生，尽量用浸湿的衣物保护头部和身体，捂住口鼻，弯腰前行。

19. 若身上着火，应迅速打滚或用厚重衣物覆盖，以压灭火苗。

20. 当大火封门无法逃生时，用浸湿的毛巾、衣物等封堵门缝，发出求救信号等待救援。

六、地震及其应急

地震是地壳在快速释放能量过程中产生的震动现象，它是一种自然现象，同时也是对人类构成重大威胁的自然灾害之一。尽管地震本身难以预测和控制，但由地震引发的灾害却是可以通过预防措施和应对措施来减轻和控制的。

（一）地震发生时的错误做法

1. 从高层楼房盲目向外跑

在破坏性地震中，从人感知到震动到建筑物受损，通常只有短暂的几十秒。若居住平房且周围无高大建筑或高墙，应迅速撤离至空旷地带避险。若身处高层楼房，寻找室内安全位置避险相较于盲目冲出，生存机会更大。切记，从楼房跳下逃生是极其危险的行为，应避免。

2. 跑向阳台

地震发生时，切勿前往阳台，因为阳台下方缺乏支撑结构，是极为危险的地方。

3. 躲进厨房

地震避险的重要原则是远离火源、靠近水源。厨房内不仅存在煤气灶、天然气灶等火源和有毒气体，还有众多电器设备，电路、火源和有毒气体都是生命安全的潜在威胁。因此，相较于厨房，卫生间或书房等跨度小的房间更适合作为避险场所。

4. 躲进衣柜等家具里

虽然衣柜看似坚固，但重心高易倾斜，且进入衣柜后视野受限，四肢受限，可能错过逃生机会，同时也不利于救援。

5. 发生地震找妈妈

遇到危险时孩子可能会本能地寻找母亲，但在地震发生的短暂时间内，正确的自救措施显然更为有效。

6. 被压埋后不停哭闹

地震瞬间的自救固然重要，但压埋后的自救方法同样关键。持续哭闹只会加速身体和心理的消耗，不利于自救或吸引救援者，同时也可能吸入粉尘。

7. 趴在地上或者躺着等待救援

地震时躺卧或趴地的姿势都较为危险，因为这样的姿势会增大身体平面面积，增加被废墟等物体击中的风险，同时也不利于身体的灵活活动。最佳姿势是双手护头、曲身侧卧，以保护头部、脊椎等重要部位。

◆ 请您思考

地震发生时，除了上述所列举的错误做法外，你还了解哪些错误做法？

（二）地震发生时的应急措施

1. 公共场所遭遇地震的应急措施

在幼儿园、学校等公共场所遇到地震时，务必听从老师的指导，有序撤离教室。若教室位于楼房内且无法及时撤离，应迅速蹲下，就近躲在课桌下，用双手或书包护住头部，同时避开悬挂物如吊灯、吊扇，以及玻璃门窗等易破裂的地方。

若地震时孩子们在楼梯上，应迅速组织他们有序下楼，避免停留，尽快逃离建筑物至空旷地带。若无法迅速逃离，应寻找楼梯间墙角或支撑结构较多的区域进行躲避。

若地震时孩子们正在睡觉，应立即唤醒他们，就地避险。可引导他们躲在床下，或利用枕头护住头部蹲下，蜷缩身体。利用两次地震之间的间隙，迅速组织他们前往室外空旷地带，同时避免拥挤出口，确保有序撤离。

2. 户外遭遇地震的应急措施

在城区遇到地震时，应迅速避开高大建筑、立交桥、高压电线等潜在危险区域，选择空旷场地蹲下，用双手或书包护住头部。

爬山时若遭遇地震，应迅速离开山脚、陡崖等危险地带，以防滚石和滑坡。若遇到山崩，应向滚石前进方向的两侧迅速逃离。

海边遭遇地震时,应迅速远离海边,以防海啸发生。尽快向远离海岸线的内陆高地转移,越高越好。若在船上遇到海啸,应随船驶向深海区域,因为海啸时靠近岸边更为危险。总之,应选择高处或远处作为避难地点。

3. 汽车里遭遇地震的应急措施

切勿尝试躲在车内避险,因为汽车虽然看似坚固,但在地震中可能不堪一击。发生地震时,在确保安全(避免将车停在建筑物旁、大树下、立交桥下、电线电缆下)的前提下,应迅速靠边停车并下车,抱头在附近空旷处避险。

若地震时正在行驶中,应就地取材,抓牢扶手以降低重心,躲在座位附近。利用两次地震之间的间隙,迅速撤出车外并在附近空旷处抱头避险。

(三)地震自救的基本要求

(1)在国际公认的逃生准则中,蹲下、掩护、抓牢,是三项核心原则,旨在最大限度地减少自身受伤的风险。

(2)地震发生时力量强大,此刻极其危险,切勿冒险冲出房间或返回房屋内抢救财物(或玩具)。

(3)地震的晃动通常遵循一定规律,当身处室内时,应首先寻找室内安全地带(如床下、桌下、墙角、厕所、坚固物品旁),如图6-2所示。待晃动减弱后,再迅速转移到户外安全地带(如周围无高大建筑物的空旷地带)。

图6-2 地震发生时寻找安全地带紧急避险

（4）当地震来临时，切勿惊慌失措，因为惊慌失措无法解决问题。此时应保持冷静，寻找最佳逃生方案以确保自身安全。若难以迅速逃离，应寻找靠近水源和食品的地方进行躲避。

（5）在高层建筑中，地震发生时切勿乘坐电梯，因为建筑物晃动可能导致电梯发生位移，使其处于非正常运行状态，极可能停止运行，进而引发更危险的状况。

（6）在地震中，首要任务是确保自身安全，切勿冒险抢救财物。在确保自身安全的前提下，再考虑帮助他人。

◆ 请您思考

托幼机构有无必要定期开展面对火灾、地震等的紧急疏散演练？

让宝宝熟记的地震自救童谣

地震只有几十秒，平房拔腿向外跑。楼房藏在小房间，厕所书房桌子脚。

暖气木窗衣橱边，近水远火很重要。原地藏身不乱跑，踩踏伤人更难逃。

遇到粉尘捂住嘴，找水找食巧呼叫。痛苦唱首英雄歌，父母一定能找到。

应急包物品清单（必备物品）

1. 瓶装水：每人备足三天量，确保饮水无忧。

2. 口哨：小小口哨力量大，一旦被困可呼救。

3. 口罩与小毛巾：打湿后捂住口鼻，防尘防窒息。

4. 无须电池的手电筒：照亮黑暗，传递信号。

5. 外伤药品：纱布、创可贴、绷带等，还有消毒酒精、碘酒和止血药，一应俱全。

6. 纸巾、湿巾与塑料袋：清洁必备，用途多样。

技能训练

一、设计面向学前儿童家长的托幼机构安全教育讲座

该设计的要点主要包括：

（1）确定安全教育讲座主题；

（2）讲座形式尽量多样，不建议讲座者一讲到底，最好有案例展示、情境模拟演示，甚至需要邀请家长参与其中；

（3）语言通俗易懂，不要使用过于专业的术语；

（4）讲座时间控制在90分钟以内。

在多方面考虑进行设计的基础上，最后形成安全教育讲座课件（可以以PPT形式呈现）。必要时，可以在同学面前模拟开展讲座，并请同学扮演家长积极参与到讲座的互动当中。

二、设计面向学前儿童的安全教育活动

（一）活动目的

作为未来的托幼园所教师，应深刻认识到安全问题在托幼园所中的核心地位。应能够将学前儿童安全意识的培养自然融入日常教育中，具备精心策划幼儿园安全教育活动的能力，并根据活动方案准备相应的活动材料，以有效进行安全教育，从而最大限度地减少学前儿童意外伤害的发生。

（二）活动内容与要求

基于学前儿童的年龄特征和认知发展水平，教师应深入剖析有关安全教育活动内容的特点，明确活动目标，精心设计活动过程，选择最合适的组织方式，并拟定全面的安全教育活动方案。这样，安全教育活动就能更加精准地针对学前儿童，确保安全教育取得实效。

（三）参考案例

识标记 讲安全——大班安全教育半日活动设计

设计意图：

现代生活紧密依赖着水、电、火、交通等设备和设施，它们极大地便利了我们的日常生活。然而，若使用不当，这些设备和设施也可能成为威胁生命的隐患。幼儿因其年幼、好奇心强且模仿能力强，容易在生活中遭受这些潜在风险的伤害。如何将复杂的安全知识以生动、形象的方式呈现给幼儿，让他们在轻松愉快的氛围中理解并接受，同时从小培养安全意识，做到防患于未然，这是每位幼教工作者必须面对的重要任务。

本主题活动巧妙地利用"标记"这一直观、形象的图画语言，通过一系列的观察、游戏和制作活动，引导幼儿在动脑思考、动口表达和动手实践的过程中，学习并掌握一些基本的安全知识，进而提升他们的自我保护能力。

活动目标：

1.认识生活中常见的一些安全标记，懂得一些基本的安全知识。

2.了解并掌握一些突发事件的处理方法，初步学会在紧急情况下保持冷静，从而有效提高自我保护能力。

3. 通过活动进一步提升语言表达能力、动手动脑的能力及创造想象的能力。

活动重难点：

1. 重点：认识生活中常见的一些标记，懂得一些基本的安全知识。
2. 难点：设计制作标记，并在日常生活中按标记要求行动。

活动准备：

1. 活动前带幼儿观察常见的安全标记。
2. 玩具电话，交警帽一顶，红绿灯标记牌，各种标记图片若干。
3. 供幼儿制作用的白卡纸、绘画工具等。
4. 事先布置好《标记图片展览》。

活动过程：

一、晨间活动

（一）来园活动（幼儿自由选择活动）

1. 阅读区：幼儿自由看《会说话的标记》《安全常识小画册》等图书，可以边翻阅边轻声交谈。
2. 智力区：玩自制的"交通棋"。
3. 谈话区：教师与个别自我保护意识较薄弱的幼儿谈话。

（二）晨间锻炼（幼儿玩"红灯停，绿灯行"的游戏）

玩法：一幼儿头戴交警帽扮成交警站在十字路口指挥交通，部分幼儿分别扮成司机及行人。"交警"举起红灯牌，"司机"与"行人"就停下；"交警"举起绿灯牌，"司机"与"行人"就继续向前走。边玩游戏边齐说："红灯停，绿灯行，交通规则要记清。"

二、集体活动

（一）认识标记

1. 引出课题："小朋友们，今天老师带你们去参观《标记图片展览》好吗？"

2.认识几种主要标记。

(1)禁止跳水标记。

问:见过这个标记吗?(有部分小朋友可能在游泳池见过。)

问:这个标记是什么意思?(小朋友可能会有多种答案:禁止游泳;禁止跳水等。对这一问题的回答是否正确本身并不重要,教师可顺着这些答案作进一步的提问。)

问:游泳有益于身体健康,为什么要禁止呢?(引导幼儿说出游泳虽是健康项目,但小朋友学游泳要在大人的陪同下进行,而且不应在深水区学游泳;没有经过严格训练即使会游泳也不能在深水区游泳。)

注意:在这一过程中教师应有意识地鼓励幼儿在大人带领下学游泳。

(2)防触电标记。

问:这是什么标记?哪些地方有这种标记,它表示什么意思?(幼儿讨论后教师出示图片,内容为小老鼠将手指伸进电闸开关里,旁边有一块防触电标记。让幼儿观察分析:这样做对不对?会发生什么问题?教育幼儿不能随便触摸电源、插座,注意一些裸露的电线等。)

(3)各类交通标记。

出示标记图,引发幼儿回忆在什么地方见过,师生共同讨论。然后教师手拿一种标记,问:这是什么标记?它表示什么意思?

玩游戏"我说你指"。教师说明一种标记所表示的意思,随后点名或组织全体幼儿迅速指出对应的标记。让幼儿懂得司机和行人在行驶时要认清各类交通标记,认真遵守交通规则,注意交通安全。

(4)防火标记。

问:这是什么标记?平时应怎样防火?万一着火了怎么办?

在幼儿讨论的基础上,教师讲一些防火的常识。如小朋友平时不能随意玩火柴、打火机,不能将一些易燃物品如纸、布、木材、汽油、一些化妆品等靠近火源。当发生火灾时，首先应尽快离开，然后大声呼叫，有条件的尽快拨打火警电话"119"，注意千万不能慌张。

模拟游戏"报火警"：

布置：在教室一角用一块红布表示火区，紧靠火区及离火区稍远处分别设一玩具电话，教师强调报警幼儿一定要到稍远的电话处报警（因为作为幼儿遇到这类紧急情况，应以保护好自己为首要任务）。一名幼儿扮演报警者在"火区"旁，其余幼儿在教室四周（教室里不放置课桌）。教师既是组织者，又是消防队长。

玩法：配班教师将红布放于"火区"，并高喊一声"着火了"（这时教师注意提醒幼儿不要惊慌），担当报警任务的幼儿迅速离开"火区"走向稍远电话处报警，拨打"119"（教师提醒幼儿讲清地点和姓名）。消防队长发出命令，全体幼儿模仿消防车上警报器的声音，迅速围成一圈，边走边作开车状，绕教室一圈，做举水龙头射水的动作，片刻后"开车"返回，幼儿回到座位，表示火已扑灭。

游戏结束后，教师要强调"119"是火警电话，没有火灾时不能乱打。

（二）设计制作标记

1.通过讨论懂得标记的主要作用：提示和警告。

2.通过观察多种标记，归纳标记的主要特征：形象简洁，一目了然。严禁做的事一般在图案上画一红色粗斜线，表示否定、警告。

3.幼儿设计制作标记。

师：小朋友认识了许多标记，知道标记的作用很大。大家想一想，幼儿园还有哪些地方可以挂上标记，提醒我们注意安全？（幼儿讨论）现在请小朋友们做小小设计师，为幼儿园设计一些标记。（根据幼儿的生活和知识经验，启发幼儿设计以下内容的一些标记：不爬楼梯护栏；不在走道上奔跑；闪电时不在大树下躲避；不跟陌生人走；幼儿园内不许骑车；幼儿园内不许吸烟等。）

设计好后，请幼儿互相介绍自己设计的是什么标记，提醒大家注意什么，然后把设计好的标记充实到《标记图片展览》中。

活动延伸：

在基本实现了本次活动目标的基础上，考虑到面向全体和发展性原则，拟将活动作进一步延伸：

1.开展"识标记、讲安全"竞赛，对优胜者给予表扬。

2.邀请中小班弟弟妹妹参观《标记图片展览》，请大班幼儿担任讲解员，向全园幼儿宣传安全知识。

三、托幼机构发生火灾紧急疏散模拟展示

模拟展示流程参见本单元前面的"五、火灾及其预防与应急"中的"（四）应急要点"，同时可以考虑融入"（五）火灾中逃生技巧"。可以请1名同学扮演教师，以便作为此次火灾紧急疏散的组织者，然后由该组织者参照应急要点及逃生技巧进行相应的安排，其他同学积极配合该组织者做好火灾紧急疏散模拟。组织者一边安排时，一边还可以进行相应的解释说明（或强调）。在模拟展示过程中，特别要注意提醒：发生火灾时，首先大家都要保持冷静，这是解决问题的前提，也是最重要的一步；然后要注意的是保证自身安全，不要盲目地进行救火（对于学前儿童来说，必须要这样做）；同时需要深入思考并采取有效措施，以确保自己在火灾发生时能将所受影响降至最低（相关的技巧、绝对禁止的行为等）。

为了提升模拟展示的效果，在模拟展示结束后，师生还可以一起组织复盘，尤其是对前面模拟展示不到位、不理想的地方进行反思打磨，看看怎样做效果会更好。

四、托幼机构发生地震紧急疏散模拟展示

模拟展示流程参见本单元前面的"六、地震及其应急"中的"（二）地震发生时的应急措施"，同时融入"（三）地震自救的基本要求"。可以请1名同学扮演教师，以便作为此次地震紧急疏散的组织者，然后由该组织者参照应急措施及自救基本要求进行相应的安排，其他同学积极配合该组织者做好地震紧急疏散模拟。组织者一边安排时，一边还可以进行相应的解释说明（或强调）。在模拟展示过程中，特别要注意提醒：发生地震时，根据所处地点不同，采取的紧急疏散措施也不同，但总体来说，像跳楼以及乘坐电梯等逃生自救行为是绝对禁止的；向周围无高大建筑物空旷地带转移是首选，无法及时转移出去时，向有水、有食物，较小、较牢固的空间避险求救是可行的；无论怎样，在紧急避险过程中，尽量做到蹲下身子、保护头部、护好口鼻等。

同样，为了提升模拟展示的效果，在模拟展示结束后，师生还可以一起组织复盘，尤其是对前面模拟展示不到位、不理想的地方进行反思打磨，看看怎样做效果会更好。

单元小结

本单元主要介绍了学前儿童安全教育的目标、内容、存在的问题、措施，以及火灾及其预防与应急、地震及其应急等。其中，学前儿童安全教育的目标部分，虽然有关文字信息很少，但却至关重要，因为只有目标定位准确，后续的内容选择、措施开展等，才会有据可循，存在的问题才能称得上问题。至于火灾、地震，由于其危害性巨大，因此，我们不仅要注意做好预防，更要做好紧急疏散

演练，以便将其危害降到最低。当然，我们不仅要从理论上掌握相关知识，也要学会实际应用，即包括：面向学前儿童家长和学前儿童这两类群体，我们应该如何开展相应的学前儿童安全教育；出现火灾和地震时，我们应该如何组织学前儿童进行相应的紧急疏散。

思考练习

1. 概念解释：学前儿童安全教育目标。
2. 简述学前儿童安全教育的内容。
3. 解释说明当前学前儿童安全教育存在的问题。
4. 分析说明学前儿童安全教育的措施。
5. 简述应对火灾的教育预防措施。
6. 举例说明地震发生时的错误做法。
7. 设计展示：面向学前儿童家长的食品卫生安全教育讲座。
8. 设计展示：面向学前儿童的户外体育活动安全教育讲座。
9. 模拟展示：托幼机构发生火灾、地震时的紧急疏散演练。

附录A
中小学幼儿园安全管理办法

（2006年6月30日中华人民共和国教育部、公安部、司法部、建设部、交通部、文化部、卫生部、工商总局、质检总局、新闻出版总署令第23号公布　自2006年9月1日起施行）

第一章　总则

第一条　为加强中小学、幼儿园安全管理，保障学校及其学生和教职工的人身、财产安全，维护中小学、幼儿园正常的教育教学秩序，根据《中华人民共和国教育法》等法律法规，制定本办法。

第二条　普通中小学、中等职业学校、幼儿园（班）、特殊教育学校、工读学校（以下统称学校）的安全管理适用本办法。

第三条　学校安全管理遵循积极预防、依法管理、社会参与、各负其责的方针。

第四条　学校安全管理工作主要包括：

（一）构建学校安全工作保障体系，全面落实安全工作责任制和事故责任追究制，保障学校安全工作规范、有序进行；

（二）健全学校安全预警机制，制定突发事件应急预案，完善事故预防措施，及时排除安全隐患，不断提高学校安全工作管理水平；

（三）建立校园周边整治协调工作机制，维护校园及周边环境安全；

（四）加强安全宣传教育培训，提高师生安全意识和防护能力；

（五）事故发生后启动应急预案、对伤亡人员实施救治和责任追究等。

第五条 各级教育、公安、司法行政、建设、交通、文化、卫生、工商、质检、新闻出版等部门在本级人民政府的领导下，依法履行学校周边治理和学校安全的监督与管理职责。

学校应当按照本办法履行安全管理和安全教育职责。

社会团体、企业事业单位、其他社会组织和个人应当积极参与和支持学校安全工作，依法维护学校安全。

第二章 安全管理职责

第六条 地方各级人民政府及其教育、公安、司法行政、建设、交通、文化、卫生、工商、质检、新闻出版等部门应当按照职责分工，依法负责学校安全工作，履行学校安全管理职责。

第七条 教育行政部门对学校安全工作履行下列职责：

（一）全面掌握学校安全工作状况，制定学校安全工作考核目标，加强对学校安全工作的检查指导，督促学校建立健全并落实安全管理制度；

（二）建立安全工作责任制和事故责任追究制，及时消除安全隐患，指导学校妥善处理学生伤害事故；

（三）及时了解学校安全教育情况，组织学校有针对性地开展学生安全教育，不断提高教育实效；

（四）制定校园安全的应急预案，指导、监督下级教育行政部门和学校开展安全工作；

（五）协调政府其他相关职能部门共同做好学校安全管理工作，协助当地人民政府组织对学校安全事故的救援和调查处理。

教育督导机构应当组织学校安全工作的专项督导。

第八条 公安机关对学校安全工作履行下列职责：

（一）了解掌握学校及周边治安状况，指导学校做好校园保卫工作，及时依法查处扰乱校园秩序、侵害师生人身、财产安全的案件；

（二）指导和监督学校做好消防安全工作；

（三）协助学校处理校园突发事件。

第九条 卫生部门对学校安全工作履行下列职责：

（一）检查、指导学校卫生防疫和卫生保健工作，落实疾病预防控制措施；

（二）监督、检查学校食堂、学校饮用水和游泳池的卫生状况。

第十条 建设部门对学校安全工作履行下列职责：

（一）加强对学校建筑、燃气设施设备安全状况的监管，发现安全事故隐患的，应当依法责令立即排除；

（二）指导校舍安全检查鉴定工作；

（三）加强对学校工程建设各环节的监督管理，发现校舍、楼梯护栏及其他教学、生活设施违反工程建设强制性标准的，应责令纠正；

（四）依法督促学校定期检验、维修和更新学校相关设施设备。

第十一条 质量技术监督部门应当定期检查学校特种设备及相关设施的安全状况。

第十二条 公安、卫生、交通、建设等部门应当定期向教育行政部门和学校通报与学校安全管理相关的社会治安、疾病防治、交通等情况，提出具体预防要求。

第十三条 文化、新闻出版、工商等部门应当对校园周边的有关经营服务场所加强管理和监督，依法查处违法经营者，维护有利于青少年成长的良好环境。

司法行政、公安等部门应当按照有关规定履行学校安全教育职责。

第十四条 举办学校的地方人民政府、企业事业组织、社会团体和公民个人，应当对学校安全工作履行下列职责：

（一）保证学校符合基本办学标准，保证学校围墙、校舍、场地、教学设施、教学用具、生活设施和饮用水源等办学条件符合国家安全质量标准；

（二）配置紧急照明装置和消防设施与器材，保证学校教学楼、图书馆、实验室、师生宿舍等场所的照明、消防条件符合国家安全规定；

（三）定期对校舍安全进行检查，对需要维修的，及时予以维修；对确认的危房，及时予以改造。

举办学校的地方人民政府应当依法维护学校周边秩序，保障师生和学校的合法权益，为学校提供安全保障。

有条件的，学校举办者应当为学校购买责任保险。

第三章　校内安全管理制度

第十五条　学校应当遵守有关安全工作的法律、法规和规章，建立健全校内各项安全管理制度和安全应急机制，及时消除隐患，预防发生事故。

第十六条　学校应当建立校内安全工作领导机构，实行校长负责制；应当设立保卫机构，配备专职或者兼职安全保卫人员，明确其安全保卫职责。

第十七条　学校应当健全门卫制度，建立校外人员入校的登记或者验证制度，禁止无关人员和校外机动车入内，禁止将非教学用易燃易爆物品、有毒物品、动物和管制器具等危险物品带入校园。

学校门卫应当由专职保安或者其他能够切实履行职责的人员担任。

第十八条　学校应当建立校内安全定期检查制度和危房报告制度，按照国家有关规定安排对学校建筑物、构筑物、设备、设施进行安全检查、检验；发现存在安全隐患的，应当停止使用，及时维修或者更换；维修、更换前应当采取必要的防护措施或者设置警示标志。学校无力解决或者无法排除的重大安全隐患，应当及时书面报告主管部门和其他相关部门。

学校应当在校内高地、水池、楼梯等易发生危险的地方设置警示标志或者采取防护设施。

第十九条　学校应当落实消防安全制度和消防工作责任制，对于政府保障配备的消防设施和器材加强日常维护，保证其能够有效使用，并设置消防安全标志，保证疏散通道、安全出口和消防车通道畅通。

第二十条　学校应当建立用水、用电、用气等相关设施设备的安全管理制度，定期进行检查或者按照规定接受有关主管部门的定期检查，发现老化或者损毁的，及时进行维修或者更换。

第二十一条　学校应当严格执行《学校食堂与学生集体用餐卫生管理规定》《餐饮业和学生集体用餐配送单位卫生规范》，严格遵守卫生操作规范。建立食堂物资定点采购和索证、登记制度与饭菜留验和记录制度，检查饮用水的卫生安全状况，保障师生饮食卫生安全。

第二十二条　学校应当建立实验室安全管理制度，并将安全管理制度和操作规程置于实验室显著位置。

学校应当严格建立危险化学品、放射物质的购买、保管、使用、登记、注销等制度，保证将危险化学品、放射物质存放在安全地点。

第二十三条　学校应当按照国家有关规定配备具有从业资格的专职医务（保健）人员或者兼职卫生保健教师，购置必需的急救器材和药品，保障对学生常见病的治疗，并负责学校传染病疫情及其他突发公共卫生事件的报告。有条件的学校，应当设立卫生（保健）室。

新生入学应当提交体检证明。托幼机构与小学在入托、入学时应当查验预防接种证。学校应当建立学生健康档案，组织学生定期体检。

第二十四条　学校应当建立学生安全信息通报制度，将学校规定的学生到校和放学时间、学生非正常缺席或者擅自离校情况，以及学生身体和心理的异常状况等关系学生安全的信息，及时告知其监护人。

对有特异体质、特定疾病或者其他生理、心理状况异常以及有吸毒行为的学生，学校应当做好安全信息记录，妥善保管学生的健康与安全信息资料，依法保护学生的个人隐私。

第二十五条　有寄宿生的学校应当建立住宿学生安全管理制度，配备专人负责住宿学生的生活管理和安全保卫工作。

学校应当对学生宿舍实行夜间巡查、值班制度，并针对女生宿舍安全工作的特点，加强对女生宿舍的安全管理。

学校应当采取有效措施，保证学生宿舍的消防安全。

第二十六条　学校购买或者租用机动车专门用于接送学生的，应当建立车辆管理制度，并及时到公安机关交通管理部门备案。接送学生的车辆必须检验用校车应当粘贴统一标识。标识样式由省级公安机关交通管理部门和教育行政部门制定。

学校不得租用拼装车、报废车和个人机动车接送学生。

接送学生的机动车驾驶员应当身体健康，具备相应准驾车型3年以上安全驾驶经历，最近3年内任一记分周期没有记满12分记录，无致人伤亡的交通责任事故。

第二十七条 学校应当建立安全工作档案，记录日常安全工作、安全责任落实、安全检查、安全隐患消除等情况。

安全档案作为实施安全工作目标考核、责任追究和事故处理的重要依据。

第四章　日常安全管理

第二十八条 学校在日常的教育教学活动中应当遵循教学规范，落实安全管理要求，合理预见、积极防范可能发生的风险。

学校组织学生参加的集体劳动、教学实习或者社会实践活动，应当符合学生的心理、生理特点和身体健康状况。

学校以及接受学生参加教育教学活动的单位必须采取有效措施，为学生活动提供安全保障。

第二十九条 学校组织学生参加大型集体活动，应当采取下列安全措施：

（一）成立临时的安全管理组织机构；

（二）有针对性地对学生进行安全教育；

（三）安排必要的管理人员，明确所负担的安全职责；

（四）制定安全应急预案，配备相应设施。

第三十条 学校应当按照《学校体育工作条例》和教学计划组织体育教学和体育活动，并根据教学要求采取必要的保护和帮助措施。

学校组织学生开展体育活动，应当避开主要街道和交通要道；开展大型体育活动以及其他大型学生活动，必须经过主要街道和交通要道的，应当事先与公安机关交通管理部门共同研究并落实安全措施。

第三十一条 小学、幼儿园应当建立低年级学生、幼儿上下学时接送的交接制度，不得将晚离学校的低年级学生、幼儿交与无关人员。

第三十二条 学生在教学楼进行教学活动和晚自习时，学校应当合理安排学生疏散时间和楼道上下顺序，同时安排人员巡查，防止发生拥挤踩踏伤害事故。

晚自习学生没有离校之前，学校应当有负责人和教师值班、巡查。

第三十三条 学校不得组织学生参加抢险等应当由专业人员或者成人从事的活动，不得组织学生参与制作烟花爆竹、有毒化学品等具有危险性的活动，不得组织学生参加商业性活动。

第三十四条 学校不得将场地出租给他人从事易燃、易爆、有毒、有害等危险品的生产、经营活动。

学校不得出租校园内场地停放校外机动车辆；不得利用学校用地建设对社会开放的停车场。

第三十五条 学校教职工应当符合相应任职资格和条件要求。学校不得聘用因故意犯罪而受到刑事处罚的人，或者有精神病史的人担任教职工。

学校教师应当遵守职业道德规范和工作纪律，不得侮辱、殴打、体罚或者变相体罚学生；发现学生行为具有危险性的，应当及时告诫、制止，并与学生监护人沟通。

第三十六条 学生在校学习和生活期间，应当遵守学校纪律和规章制度，服从学校的安全教育和管理，不得从事危及自身或者他人安全的活动。

第三十七条 监护人发现被监护人有特异体质、特定疾病或者异常心理状况的，应当及时告知学校。

学校对已知的有特异体质、特定疾病或者异常心理状况的学生，应当给予适当关注和照顾。生理、心理状况异常不宜在校学习的学生，应当休学，由监护人安排治疗、休养。

第五章　安全教育

第三十八条 学校应当按照国家课程标准和地方课程设置要求，将安全教育纳入教学内容，对学生开展安全教育，培养学生的安全意识，提高学生的自我防护能力。

第三十九条 学校应当在开学初、放假前，有针对性地对学生集中开展安全教育。新生入校后，学校应当帮助学生及时了解相关的学校安全制度和安全规定。

第四十条 学校应当针对不同课程实验课的特点与要求，对学生进行实验用品的防毒、防爆、防辐射、防污染等的安全防护教育。

学校应当对学生进行用水、用电的安全教育，对寄宿学生进行防火、防盗和人身防护等方面的安全教育。

第四十一条 学校应当对学生开展安全防范教育，使学生掌握基本的自我保护技能，应对不法侵害。

学校应当对学生开展交通安全教育，使学生掌握基本的交通规则和行为规范。

学校应当对学生开展消防安全教育，有条件的可以组织学生到当地消防站参观和体验，使学生掌握基本的消防安全知识，提高防火意识和逃生自救的能力。

学校应当根据当地实际情况，有针对性地对学生开展到江河湖海、水库等地方戏水、游泳的安全卫生教育。

第四十二条 学校可根据当地实际情况，组织师生开展多种形式的事故预防演练。

学校应当每学期至少开展一次针对洪水、地震、火灾等灾害事故的紧急疏散演练，使师生掌握避险、逃生、自救的方法。

第四十三条 教育行政部门按照有关规定，与人民法院、人民检察院和公安、司法行政等部门以及高等学校协商，选聘优秀的法律工作者担任学校的兼职法制副校长或者法制辅导员。

兼职法制副校长或者法制辅导员应当协助学校检查落实安全制度和安全事故处理、定期对师生进行法制教育等，其工作成果纳入派出单位的工作考核内容。

第四十四条 教育行政部门应当组织负责安全管理的主管人员、学校校长、幼儿园园长和学校负责安全保卫工作的人员,定期接受有关安全管理培训。

第四十五条 学校应当制定教职工安全教育培训计划,通过多种途径和方法,使教职工熟悉安全规章制度、掌握安全救护常识,学会指导学生预防事故、自救、逃生、紧急避险的方法和手段。

第四十六条 学生监护人应当与学校互相配合,在日常生活中加强对被监护人的各项安全教育。

学校鼓励和提倡监护人自愿为学生购买意外伤害保险。

第六章 校园周边安全管理

第四十七条 教育、公安、司法行政、建设、交通、文化、卫生、工商、质检、新闻出版等部门应当建立联席会议制度,定期研究部署学校安全管理工作,依法维护学校周边秩序;通过多种途径和方式,听取学校和社会各界关于学校安全管理工作的意见和建议。

第四十八条 建设、公安等部门应当加强对学校周边建设工程的执法检查,禁止任何单位或者个人违反有关法律、法规、规章、标准,在学校围墙或者建筑物边建设工程,在校园周边设立易燃易爆、剧毒、放射性、腐蚀性等危险物品的生产、经营、储存、使用场所或者设施以及其他可能影响学校安全的场所或者设施。

第四十九条 公安机关应当把学校周边地区作为重点治安巡逻区域,在治安情况复杂的学校周边地区增设治安岗亭和报警点,及时发现和消除各类安全隐患,处置扰乱学校秩序和侵害学生人身、财产安全的违法犯罪行为。

第五十条 公安、建设和交通部门应当依法在学校门前道路设置规范的交通警示标志,施划人行横线,根据需要设置交通信号灯、减速带、过街天桥等设施。

在地处交通复杂路段的学校上下学时间,公安机关应当根据需要部署警力或者交通协管人员维护道路交通秩序。

第五十一条 公安机关和交通部门应当依法加强对农村地区交通工具的监督管理，禁止没有资质的车船搭载学生。

第五十二条 文化部门依法禁止在中学、小学校园周围200米范围内设立互联网上网服务营业场所，并依法查处接纳未成年人进入的互联网上网服务营业场所。工商行政管理部门依法查处取缔擅自设立的互联网上网服务营业场所。

第五十三条 新闻出版、公安、工商行政管理等部门应当依法取缔学校周边兜售非法出版物的游商和无证照摊点，查处学校周边制售含有淫秽色情、凶杀暴力等内容的出版物的单位和个人。

第五十四条 卫生、工商行政管理部门应当对校园周边饮食单位的卫生状况进行监督，取缔非法经营的小卖部、饮食摊点。

第七章 安全事故处理

第五十五条 在发生地震、洪水、泥石流、台风等自然灾害和重大治安、公共卫生突发事件时，教育等部门应当立即启动应急预案，及时转移、疏散学生，或者采取其他必要防护措施，保障学校安全和师生人身财产安全。

第五十六条 校园内发生火灾、食物中毒、重大治安等突发安全事故以及自然灾害时，学校应当启动应急预案，及时组织教职工参与抢险、救助和防护，保障学生身体健康和人身、财产安全。

第五十七条 发生学生伤亡事故时，学校应当按照《学生伤害事故处理办法》规定的原则和程序等，及时实施救助，并进行妥善处理。

第五十八条 发生教职工和学生伤亡等安全事故的，学校应当及时报告主管教育行政部门和政府有关部门；属于重大事故的，教育行政部门应当按照有关规定及时逐级上报。

第五十九条 省级教育行政部门应当在每年1月31日前向国务院教育行政部门书面报告上一年度学校安全工作和学生伤亡事故情况。

第八章 奖励与责任

第六十条 教育、公安、司法行政、建设、交通、文化、卫生、工商、质检、新闻出版等部门，对在学校安全工作中成绩显著或者做出突出贡献的单位和个人，应当视情况联合或者分别给予表彰、奖励。

第六十一条 教育、公安、司法行政、建设、交通、文化、卫生、工商、质检、新闻出版等部门，不依法履行学校安全监督与管理职责的，由上级部门给予批评；对直接责任人员由上级部门和所在单位视情节轻重，给予批评教育或者行政处分；构成犯罪的，依法追究刑事责任。

第六十二条 学校不履行安全管理和安全教育职责，对重大安全隐患未及时采取措施的，有关主管部门应当责令其限期改正；拒不改正或者有下列情形之一的，教育行政部门应当对学校负责人和其他直接责任人员给予行政处分；构成犯罪的，依法追究刑事责任：

（一）发生重大安全事故、造成学生和教职工伤亡的；

（二）发生事故后未及时采取适当措施、造成严重后果的；

（三）瞒报、谎报或者缓报重大事故的；

（四）妨碍事故调查或者提供虚假情况的；

（五）拒绝或者不配合有关部门依法实施安全监督管理职责的。

《中华人民共和国民办教育促进法》及其实施条例另有规定的，依其规定执行。

第六十三条 校外单位或者人员违反治安管理规定、引发学校安全事故的，或者在学校安全事故处理过程中，扰乱学校正常教育教学秩序、违反治安管理规定的，由公安机关依法处理；构成犯罪的，依法追究其刑事责任；造成学校财产损失的，依法承担赔偿责任。

第六十四条 学生人身伤害事故的赔偿，依据有关法律法规、国家有关规定以及《学生伤害事故处理办法》处理。

第九章 附则

第六十五条 中等职业学校学生实习劳动的安全管理办法另行制定。

第六十六条 本办法自2006年9月1日起施行。

附录B
学生伤害事故处理办法

教育部令第12号

（2002年6月25日发布）

第一章 总则

第一条 为积极预防、妥善处理在校学生伤害事故，保护学生、学校的合法权益，根据《中华人民共和国教育法》《中华人民共和国未成年人保护法》和其他相关法律、行政法规及有关规定，制定本办法。

第二条 在学校实施的教育教学活动或者学校组织的校外活动中，以及在学校负有管理责任的校舍、场地、其他教育教学设施、生活设施内发生的，造成在校学生人身损害后果的事故的处理，适用本办法。

第三条 学生伤害事故应当遵循依法、客观公正、合理适当的原则，及时、妥善地处理。

第四条 学校的举办者应当提供符合安全标准的校舍、场地、其他教育教学设施和生活设施。

教育行政部门应当加强学校安全工作，指导学校落实预防学生伤害事故的措施，指导、协助学校妥善处理学生伤害事故，维护学校正常的教育教学秩序。

第五条 学校应当对在校学生进行必要的安全教育和自护自救教育；应当按照规定，建立健全安全制度，采取相应的管理措施，预防和消除教育教学环境中存在的安全隐患；当发生伤害事故时，应当及时采取措施救助受伤害学生。

学校对学生进行安全教育、管理和保护，应当针对学生年龄、认知能力和法律行为能力的不同，采用相应的内容和预防措施。

第六条 学生应当遵守学校的规章制度和纪律；在不同的受教育阶段，应当根据自身的年龄、认知能力和法律行为能力，避免和消除相应的危险。

第七条 未成年学生的父母或者其他监护人（以下称为监护人）应当依法履行监护职责，配合学校对学生进行安全教育、管理和保护工作。

学校对未成年学生不承担监护职责，但法律有规定的或者学校依法接受委托承担相应监护职责的情形除外。

第二章 事故与责任

第八条 学生伤害事故的责任，应当根据相关当事人的行为与损害后果之间的因果关系依法确定。

因学校、学生或者其他相关当事人的过错造成的学生伤害事故，相关当事人应当根据其行为过错程度的比例及其与损害后果之间的因果关系承担相应的责任。当事人的行为是损害后果发生的主要原因，应当承担主要责任；当事人的行为是损害后果发生的非主要原因，承担相应的责任。

第九条 因下列情形之一造成的学生伤害事故，学校应当依法承担相应的责任：

（一）学校的校舍、场地、其他公共设施，以及学校提供给学生使用的学具、教育教学和生活设施、设备不符合国家规定的标准，或者有明显不安全因素的；

（二）学校的安全保卫、消防、设施设备管理等安全管理制度有明显疏漏，或者管理混乱，存在重大安全隐患，而未及时采取措施的；

（三）学校向学生提供的药品、食品、饮用水等不符合国家或者行业的有关标准、要求的；

（四）学校组织学生参加教育教学活动或者校外活动，未对学生进行相应的安全教育，并未在可预见的范围内采取必要的安全措施的；

（五）学校知道教师或者其他工作人员患有不适宜担任教育教学工作的疾病，但未采取必要措施的；

（六）学校违反有关规定，组织或者安排未成年学生从事不宜未成年人参加的劳动、体育运动或者其他活动的；

（七）学生有特异体质或者特定疾病，不宜参加某种教育教学活动，学校知道或者应当知道，但未予以必要的注意的；

（八）学生在校期间突发疾病或者受到伤害，学校发现，但未根据实际情况及时采取相应措施，导致不良后果加重的；

（九）学校教师或者其他工作人员体罚或者变相体罚学生，或者在履行职责过程中违反工作要求、操作规程、职业道德或者其他有关规定的；

（十）学校教师或者其他工作人员在负有组织、管理未成年学生的职责期间，发现学生行为具有危险性，但未进行必要的管理、告诫或者制止的；

（十一）对未成年学生擅自离校等与学生人身安全直接相关的信息，学校发现或者知道，但未及时告知未成年学生的监护人，导致未成年学生因脱离监护人的保护而发生伤害的；

（十二）学校有未依法履行职责的其他情形的。

第十条 学生或者未成年学生监护人由于过错，有下列情形之一，造成学生伤害事故，应当依法承担相应的责任：

（一）学生违反法律法规的规定，违反社会公共行为准则、学校的规章制度或者纪律，实施按其年龄和认知能力应当知道具有危险或者可能危及他人的行为的；

（二）学生行为具有危险性，学校、教师已经告诫、纠正，但学生不听劝阻、拒不改正的；

（三）学生或者其监护人知道学生有特异体质，或者患有特定疾病，但未告知学校的；

（四）未成年学生的身体状况、行为、情绪等有异常情况，监护人知道或者已被学校告知，但未履行相应监护职责的；

（五）学生或者未成年学生监护人有其他过错的。

第十一条 学校安排学生参加活动，因提供场地、设备、交通工具、食品及其他消费与服务的经营者，或者学校以外的活动组织者的过错造成的学生伤害事故，有过错的当事人应当依法承担相应的责任。

第十二条 因下列情形之一造成的学生伤害事故，学校已履行了相应职责，行为并无不当的，无法律责任：

（一）地震、雷击、台风、洪水等不可抗的自然因素造成的；

（二）来自学校外部的突发性、偶发性侵害造成的；

（三）学生有特异体质、特定疾病或者异常心理状态，学校不知道或者难于知道的；

（四）学生自杀、自伤的；

（五）在对抗性或者具有风险性的体育竞赛活动中发生意外伤害的；

（六）其他意外因素造成的。

第十三条 下列情形下发生的造成学生人身损害后果的事故，学校行为并无不当的，不承担事故责任；事故责任应当按有关法律法规或者其他有关规定认定：

（一）在学生自行上学、放学、返校、离校途中发生的；

（二）在学生自行外出或者擅自离校期间发生的；

（三）在放学后、节假日或者假期等学校工作时间以外，学生自行滞留学校或者自行到校发生的；

（四）其他在学校管理职责范围外发生的。

第十四条 因学校教师或者其他工作人员与其职务无关的个人行为，或者因学生、教师及其他个人故意实施的违法犯罪行为，造成学生人身损害的，由致害人依法承担相应的责任。

第三章 事故处理程序

第十五条 发生学生伤害事故，学校应当及时救助受伤害学生，并应当及时告知未成年学生的监护人；有条件的，应当采取紧急救援等方式救助。

第十六条　发生学生伤害事故,情形严重的,学校应当及时向主管教育行政部门及有关部门报告;属于重大伤亡事故的,教育行政部门应当按照有关规定及时向同级人民政府和上一级教育行政部门报告。

第十七条　学校的主管教育行政部门应学校要求或者认为必要,可以指导、协助学校进行事故的处理工作,尽快恢复学校正常的教育教学秩序。

第十八条　发生学生伤害事故,学校与受伤害学生或者学生家长可以通过协商方式解决;双方自愿,可以书面请求主管教育行政部门进行调解。

成年学生或者未成年学生的监护人也可以依法直接提起诉讼。

第十九条　教育行政部门收到调解申请,认为必要的,可以指定专门人员进行调解,并应当在受理申请之日起60日内完成调解。

第二十条　经教育行政部门调解,双方就事故处理达成一致意见的,应当在调解人员的见证下签订调解协议,结束调解;在调解期限内,双方不能达成一致意见,或者调解过程中一方提起诉讼,人民法院已经受理的,应当终止调解。

调解结束或者终止,教育行政部门应当书面通知当事人。

第二十一条　对经调解达成的协议,一方当事人不履行或者反悔的,双方可以依法提起诉讼。

第二十二条　事故处理结束,学校应当将事故处理结果书面报告主管的教育行政部门;重大伤亡事故的处理结果,学校主管的教育行政部门应当向同级人民政府和上一级教育行政部门报告。

第四章　事故损害的赔偿

第二十三条　对发生学生伤害事故负有责任的组织或者个人,应当按照法律法规的有关规定,承担相应的损害赔偿责任。

第二十四条　学生伤害事故赔偿的范围与标准,按照有关行政法规、地方性法规或者最高人民法院司法解释中的有关规定确定。

教育行政部门进行调解时,认为学校有责任的,可以依照有关法律法规及国家有关规定,提出相应的调解方案。

第二十五条 对受伤害学生的伤残程度存在争议的,可以委托当地具有相应鉴定资格的医院或者有关机构,依据国家规定的人体伤残标准进行鉴定。

第二十六条 学校对学生伤害事故负有责任的,根据责任大小,适当予以经济赔偿,但不承担解决户口、住房、就业等与救助受伤害学生、赔偿相应经济损失无直接关系的其他事项。

学校无责任的,如果有条件,可以根据实际情况,本着自愿和可能的原则,对受伤害学生给予适当的帮助。

第二十七条 因学校教师或者其他工作人员在履行职务中的故意或者重大过失造成的学生伤害事故,学校予以赔偿后,可以向有关责任人员追偿。

第二十八条 未成年学生对学生伤害事故负有责任的,由其监护人依法承担相应的赔偿责任。

学生的行为侵害学校教师及其他工作人员以及其他组织、个人的合法权益,造成损失的,成年学生或者未成年学生的监护人应当依法予以赔偿。

第二十九条 根据双方达成的协议、经调解形成的协议或者人民法院的生效判决,应当由学校负担的赔偿金,学校应当负责筹措;学校无力完全筹措的,由学校的主管部门或者举办者协助筹措。

第三十条 县级以上人民政府教育行政部门或者学校举办者有条件的,可以通过设立学生伤害赔偿准备金等多种形式,依法筹措伤害赔偿金。

第三十一条 学校有条件的,应当依据保险法的有关规定,参加学校责任保险。

教育行政部门可以根据实际情况,鼓励中小学参加学校责任保险。

提倡学生自愿参加意外伤害保险。在尊重学生意愿的前提下,学校可以为学生参加意外伤害保险创造便利条件,但不得从中收取任何费用。

第五章 事故责任者的处理

第三十二条 发生学生伤害事故,学校负有责任且情节严重的,教育行政部门应当根据有关规定,对学校的直接负责的主管人员和其他直接责任人员,分别给予相应的行政处分;有关责任人的行为触犯刑律的,应当移送司法机关依法追究刑事责任。

第三十三条 学校管理混乱，存在重大安全隐患的，主管的教育行政部门或者其他有关部门应当责令其限期整顿；对情节严重或者拒不改正的，应当依据法律法规的有关规定，给予相应的行政处罚。

第三十四条 教育行政部门未履行相应职责，对学生伤害事故的发生负有责任的，由有关部门对直接负责的主管人员和其他直接责任人员分别给予相应的行政处分；有关责任人的行为触犯刑律的，应当移送司法机关依法追究刑事责任。

第三十五条 违反学校纪律，对造成学生伤害事故负有责任的学生，学校可以给予相应的处分；触犯刑律的，由司法机关依法追究刑事责任。

第三十六条 受伤害学生的监护人、亲属或者其他有关人员，在事故处理过程中无理取闹，扰乱学校正常教育教学秩序，或者侵犯学校、学校教师或者其他工作人员的合法权益的，学校应当报告公安机关依法处理；造成损失的，可以依法要求赔偿。

第六章 附则

第三十七条 本办法所称学校，是指国家或者社会力量举办的全日制的中小学（含特殊教育学校）、各类中等职业学校、高等学校。

本办法所称学生是指在上述学校中全日制就读的受教育者。

第三十八条 幼儿园发生的幼儿伤害事故，应当根据幼儿为完全无行为能力人的特点，参照本办法处理。

第三十九条 其他教育机构发生的学生伤害事故，参照本办法处理。

在学校注册的其他受教育者在学校管理范围内发生的伤害事故，参照本办法处理。

第四十条 本办法自2002年9月1日起实施，原国家教委、教育部颁布的与学生人身安全事故处理有关的规定，与本办法不符的，以本办法为准。

在本办法实施之前已处理完毕的学生伤害事故不再重新处理。

附录C
中小学、幼儿园安全防范要求

1. 范围

本文件规定了中小学和幼儿园安全防范的重点部位和区域、总体防范要求、人力防范要求、实体防范要求、电子防范要求和安全防范系统技术要求。

本文件适用于中小学和幼儿园（以下统称学校）安全防范系统的建设与管理，其他未成年人集中教育培训、救助保护等机构或场所安全防范系统的建设与管理可参照执行。

2. 规范性引用文件

下列文件中的内容通过文中的规范性引用而构成本文件必不可少的条款。其中，注日期的引用文件，仅该注日期对应的版本适用于本文件；不注日期的引用文件，其最新版本（包括所有的修改单）适用于本文件。

GB 10409—2019　防盗保险柜（箱）

GB 17565—2007　防盗安全门通用技术条件

GB/T 28181　公共安全视频监控联网系统信息传输、交换、控制技术要求

GB/T 32581　入侵和紧急报警系统技术要求

GB/T 37078　出入口控制系统技术要求

GB 37300　公共安全重点区域视频图像信息采集规范

GB 50348　安全防范工程技术标准

GA/T 644　电子巡查系统技术要求

GA 1002　剧毒化学品、放射源存放场所治安防范要求

GA/T 1343　防暴升降式阻车路障

GA/T 1400　（所有部分）公安视频图像信息应用系统

GA 1511 易制爆危险化学品储存场所治安防范要求

3. 术语和定义

GB 50348 和 GB/T 32581 界定的以及下列术语和定义适用于本文件。

3.1　中小学 primary and secondary schools

经行政主管部门核准，对儿童青少年实施初、中等教育的场所。

注：包括小学、初级中学、高级中学、中等职业学校、技工学校等。

3.2　幼儿园 kindergartens

对3周岁以上学龄前幼儿实施保育和教育的机构。

3.3　保安员 security staff

依照保安服务管理条例取得相关资格证，从事保安服务工作的人员。

注：相关资格证一般指保安员证。

3.4　安全保卫人员 security guard

负责维护学校内部治安秩序，开展治安防范，预防违法犯罪，保护学校师生和财产安全的专兼职人员。

注：通常包括负责安全工作的教职员工、保安员、宿舍管理员等。

3.5　一键报警 one key alarm

由人工触发紧急按钮或移动终端等，通过有线和/或无线通信向公安机关传输紧急报警信号的报警方式。

3.6　非常态防范 unusual protection

国家或省市举办重要会议、重大活动等重要时段，以及获得重大公共安全事件预警信息或发生此类案事件时，临时性加强防范手段和措施，提升学校安全防范能力的管理行为。

4. 重点部位和区域

下列部位和区域确定为学校安全防范的重点部位和区域：

a）学校大门外；

b）学校周界；

c）学校出入口；

d）门卫室（传达室）；

e）室外人员集中活动区域；

f）教学区域；

g）学生宿舍楼（区）；

h）幼儿园的活动室、寝室；

i）食堂操作间、配餐间、留样间、储藏室、就餐区；

j）剧毒化学品、易制爆、易制毒等危险品储存室、实验室；

k）贵重物品存放处；

l）保密资料存放处；

m）水电气热等设备间；

n）防监控室、网络机房；

o）机动车停车区、非机动车停车区；

p）其他确定的重点部位和区域。

5. 总体防范要求

5.1 学校的安全防范应以保障学生和教职员工的人身安全为主要目标，应设立安全管理机构，建立健全安全管理制度，实行封闭式管理。

5.2 学校安全防范工作应坚持人防、物防、技防相结合的原则，按照常态防范与非常态防范的要求，落实各项安全防范措施。

5.3 学校新建、改建、扩建工程应将安全防范系统纳入总体规划，同步设计、同步建设、同步运行。

5.4 学校应建立安全防范管理档案和台账，包括学校的名称、地址或位置、平面图、结构图,单位负责人、各项安全工作责任人,现有安全防范设施、制度、措施等。

5.5 学校应建立安全防范系统运行与维护的保障体系和长效机制,并设专人负责系统日常管理工作。

5.6 学校应建立校园安全隐患排查、安全风险监测和防控治理机制,并开展安全教育、安防专题培训。

5.7 学校应制定至少包括针对的事件、人员及分工、处置的流程及措施、设备(设施或装备)的使用和人员疏散方案等内容的安全突发事件应急处置预案,每学期不少于一次演练。

5.8 学校应与家长、上级主管单位和属地公安机关及所在乡镇(街道办事处)等建立联动联防和信息共享工作机制,共同构建内部、周边与社会相结合的校园安全防控体系。

5.9 剧毒化学品、易制爆、易制毒等危险品储存室、实验室的安全防范应符合 GA 1002、GA 1511 的相关规定。

5.10 学校重点部位和区域的安全防范设施配置应符合附录 A 的规定。

6. 人力防范要求

6.1 学校应明确安全保卫人员的职责、岗位要求,并落实安全管理责任。校长、园长是学校内部安全保卫工作第一责任人。

6.2 学校应配备保安员,保安员的人数宜符合附表 C-1 的规定。

附表 C-1 保安员配备人数要求

学生/幼儿人数 N		配备保安员人数
非寄宿生	$N<100$	$\geqslant 1$
	$100 \leqslant N<1000$	$\geqslant 2$
	$N \geqslant 1000$	$\geqslant 3^a$
寄宿生	$N<300$	$\geqslant 2$
	$N \geqslant 300$	$\geqslant 3^b$

续表

根据学校非寄宿生人数和寄宿生人数分别计算应配备保安员数量,两者之和为学校至少配备的保安员人数。

ª 人数1000至少3名,后面每增加500人至少增配1人。
ᵇ 人数300至少3名,后面每增加300人至少增配1人。

6.3 保安员应配备对讲机、防暴头盔、橡胶棒、钢叉、防护盾牌、防刺背心、防割手套、强光手电等护卫器械,可根据需要配备催泪喷射器,并建立使用保管制度。

6.4 安全保卫人员应培训上岗,掌握学校安全管理、治安保卫的基本技能。

6.5 安全保卫人员应对校内重点部位和区域进行每日不少于5次的巡查并进行记录。

6.6 学校门卫室(传达室)24 h应有人值守,并对外来人员、车辆进行核查和信息登记。

6.7 学校出入口开启时应有人值守,学校主要出入口开启时应有保安员值守,并对外来人员、车辆进行核查和信息登记。

6.8 学校应重点加强学生上下学时间段的安全保卫措施,在学校大门外学生聚集区域宜配备相应数量的安全保卫人员以及教职员工或志愿者值守。

6.9 学校及其上级主管单位等应定期开展学校安全工作检查和专项督查。

6.10 寄宿制学校应配备宿舍管理员,并对宿舍开展每天不少于2次的夜间巡查并记录。

6.11 学校宜定期对安全保卫人员和教职员工的工作、生活状况进行了解、访谈并记录,对异常情况采取相应措施。

6.12 非常态防范期间,学校应对进出校园的所有人员、车辆进行核查和信息登记,宜限制人员、车辆进出,增配应急处置队伍。

7. 实体防范要求

7.1 学校大门外应设置拒马、隔离墩和/或升降柱等硬质防冲撞设施，对上下学期间学生聚集区域进行防护隔离。

7.2 学校周界应设置围墙、金属栅栏等实体防护屏障，并采取防攀爬措施。实体防护屏障的外侧整体高度（含滚刺网等防攀爬设施）应不少于 2 m。

7.3 学校人行出入口和机动车出入口宜分开设置。

7.4 门卫室（传达室）与外界相通的窗户，应安装金属防护窗。

7.5 校园内机动车的行驶道路和/或停放区域，宜与学生活动区域物理隔离。

7.6 贵重物品存放处、保密资料存放处、安防监控室和网络机房，应安装金属防护窗和防盗安全门。

7.7 水电气热等设备间应设置实体防护设施。

7.8 非常态防范期间，应加强对重点部位和区域的物防设施检查，消除安全隐患，宜加强学校出入口的实体防范措施。

8. 电子防范要求

8.1 学校大门外应设置视频监控装置，实时显示及回放图像应清晰显示观察区域内人员和车辆活动情况。

8.2 学校周界宜设置入侵探测装置和视频监控装置。探测范围应对周界实现有效覆盖，不应有盲区；实时显示及回放图像应清晰显示周界区域人员活动情况。

8.3 学校出入口应设置视频监控装置，实时显示及回放图像应清楚辨别进出人员体貌特征和进出车辆车型及车牌号。宜设置出入口控制通道装置，装置应能对学生、教职员工、访客等人员进行身份识别。可根据需要配备手持金属探测器、金属探测门。

8.4 门卫室（传达室）应设置一键报警装置和视频监控装置。一键报警装置应与属地公安机关联网，宜与上级主管单位联网，报警的位置应能在属地公安机关、上级主管单位及时、准确指示,每月至少测试一次;实时显示及回放图像应清晰显示人员活动情况。

8.5 室外人员集中活动区域应设置视频监控装置,实时显示及回放图像应清晰显示观察区域内人员活动情况。

8.6 教学区域的学生集中出入通道和出入口等部位应设置视频监控装置,实时显示及回放图像应清楚辨别通行人员体貌特征。

8.7 学生宿舍楼(区)的出入口应设置视频监控装置,宜设置出入口控制装置,通道宜设置视频监控装置,实时显示及回放图像应清楚辨别通行人员体貌特征。

8.8 食堂操作间、配餐间、留样间、储藏室、就餐区应设置视频监控装置,实时显示及回放图像应清晰显示人员活动情况。

8.9 贵重物品存放处(财务室等)应设置入侵探测装置和视频监控装置。

8.10 水电气热等设备间(配电室、锅炉房、水泵房等)宜设置入侵探测装置和视频监控装置。

8.11 机动车停车区、非机动车停车区应设置视频监控装置,实时显示及回放图像应清晰显示观察区域内人员和车辆活动情况。

8.12 安防监控室应设置紧急报警装置和视频监控装置,并配置通信工具,发出的报警信号应能传送至门卫室(传达室),实时显示及回放图像应清晰显示值守人员活动情况。

8.13 网络机房宜设置视频监控装置,实时显示及回放图像应清晰显示人员活动情况。

8.14 学校安全防范的重点部位和区域宜设置电子巡查装置。

8.15 学校可根据需要在教学楼、餐厅、学生宿舍等适当位置设置紧急触发与现场告警装置。

8.16 幼儿园的活动室、寝室应设置视频监控装置,实时显示及回放图像应清晰显示人员活动情况。

8.17 非常态防范期间,学校应加强电子防范设施的运行保障工作,确保安全防范系统正常运行使用。宜设置有助于学校安全防范管理的人员车辆核查、信息登记等电子系统设备。

9. 安全防范系统技术要求

9.1 一般要求

9.1.1 安全防范系统的设备和材料应符合相关标准并检验或认证合格。

9.1.2 安全防范系统内具有计时功能的设备应进行校时，设备的时钟与北京时间误差应不大于10 s。

9.1.3 安全防范系统应具有权限管理功能和网络安全防护措施，各子系统宜有效集成并集中管理。

9.1.4 系统的其他要求应符合GB 50348的相关规定。

9.2 入侵和紧急报警系统

9.2.1 入侵和紧急报警系统应能准确探测入侵和紧急事件。系统报警后，安防监控中心或门卫值班室应有声光指示，并能准确指示报警的位置。

9.2.2 系统应具备自检、防拆、开路、短路、故障、断电、断线报警等功能。

9.2.3 一键报警装置应具有防误触发措施，宜具有视频图像信息传送和对讲功能。

9.2.4 一键报警装置宜具备两种或以上独立的通信网络传输报警信号，用于报警信号传输线路上不应挂接其他设备。

9.2.5 系统应能与视频监控系统等联动。

9.2.6 系统布防、撤防、故障和报警信息存储时间应不少于90d。

9.2.7 系统应内置后备电源，保证系统正常工作时间不少于8h。

9.2.8 系统的其他技术要求应符合GB/T 32581的相关规定。

9.3 视频监控系统

9.3.1 视频监控系统应能对所有视频图像实时记录，存储图像的帧率应不少于25帧/s。

9.3.2 系统监视、存储和回放的视频图像水平像素数应不少于1280、垂直像素数应不少于720。

9.3.3 视频图像应不间断记录,储存时间应不少于 30 d,对依法确定为防范恐怖袭击重点目标的视频图像,储存时间应不少于 90 d。

9.3.4 涉及公共安全重点区域的视频图像信息采集应符合 GB 37300 的相关规定。

9.3.5 具有入侵报警等视频分析功能的系统,应符合 GA/T 1400(所有部分)的相关规定。

9.3.6 系统应能与入侵和紧急报警系统、出入口控制系统联动。

9.3.7 系统应与上级主管单位和属地公安机关联网,并符合 GB/T 28181 的相关规定。

9.4 出入口控制系统

9.4.1 出入口控制系统应能对强制开启、非法进入的行为发出报警信号,报警信号应与相关出入口的视频图像联动。

9.4.2 系统应满足人员逃生疏散时的相关要求,当需要紧急疏散时,各闭锁通道应开启,保障人员迅速安全通过。

9.4.3 系统的操作、故障、配置、通行等信息存储时间应不少于 180 d。

9.4.4 系统的其他要求应符合 GB/T 37078 的相关规定。

9.5 电子巡查系统

9.5.1 电子巡查系统的巡查路线、巡查时间应能根据安全管理需要进行设定和修改。

9.5.2 系统巡查记录保存时间应不少于 90d。

9.5.3 系统的其他要求应符合 GA/T 644 的相关规定。

9.6 实体防范设施

9.6.1 升降式机动车阻挡装置应符合 GA/T 1343 的相关规定。

9.6.2 防盗安全门的安全级别应符合 GB 17565—2007 中乙级及以上的相关规定。

9.6.3 防盗保险柜的安全级别应符合 GB 10409—2019 中 A 类的相关规定。

附录 D
学校的安全防范设施配置表

附表 D-1 规定了学校重点部位和区域的安全防范设施配置要求。

附表 D-1 学校的安全防范设施配置表

序号	重点部位和区域		安全防范设施		配置要求
1	学校大门外		实体防护设施	拒马、隔离墩或升降柱等硬质防冲撞设施	应配置
			视频监控系统	视频监控装置	应配置
2	学校周界		实体防护设施	实体防护屏障	应配置
			入侵和紧急报警系统	入侵探测装置	宜配置
			视频监控系统	视频监控装置	宜配置
3	学校出入口		视频监控系统	视频监控装置	应配置
			出入口控制系统	出入口控制通道装置	宜配置
			防爆安全检查系统	手持金属探测器	可配置
				金属探测门	可配置
4	门卫室（传达室）	内部	入侵和紧急报警系统	一键报警装置	应配置
			视频监控系统	视频监控装置	应配置
		与外界相通的窗户	实体防护设施	金属防护窗	应配置

续表

序号	重点部位和区域		安全防范设施		配置要求
5	室外人员集中活动区域		视频监控系统	视频监控装置	应配置
6	教学区域	学生集中出入通道和出入口	视频监控系统	视频监控装置	应配置
		其他重点部位	视频监控系统	视频监控装置	应配置
7	学生宿舍楼（区）	出入口	视频监控系统	视频监控装置	应配置
		通道	出入口控制系统	出入口控制通道装置	宜配置
8	幼儿园的活动室、寝室		视频监控系统	视频监控装置	应配置
9	食堂操作间、配餐间、留样间、储藏室、就餐区		视频监控系统	视频监控装置	应配置
10	贵重物品存放处	财务室等	实体防护设施	金属防护栏	应配置
				防盗安全门	应配置
			入侵和紧急报警系统	入侵探测装置	应配置
			视频监控系统	视频监控装置	应配置
11	保密资料存放处		实体防护设施	金属防护栏	应配置
				防盗安全门	应配置

附录D 学校的安全防范设施配置表

续表

序号	重点部位和区域		安全防范设施		配置要求
12	水电气热等设备间	配电室、锅炉房、水泵房等	实体防护设施	—	应配置
			入侵和紧急报警系统	入侵探测装置	宜配置
			视频监控系统	视频监控装置	宜配置
13	安防监控室		实体防护设施	金属防护栏	应配置
				防盗安全门	应配置
			入侵和紧急报警系统	紧急报警装置	应配置
			视频监控系统	视频监控装置	应配置
				通信工具	应配置
14	网络机房		视频监控系统	视频监控装置	宜配置
			实体防护设施	金属防护栏	应配置
				防盗安全门	应配置
15	机动车停车区、非机动车停车区		视频监控系统	视频监控装置	应配置
16	重点部位和区域	适当位置	电子巡查系统	电子巡查装置	宜配置
		教学楼、餐厅学生宿舍等	入侵和紧急报警系统	紧急触发与现场告警装置	可配置
17	与学生活动区域相邻的机动车行驶道路和/或停放区域		实体防护设施	物理隔离装置	宜配置

续表

序号	重点部位和区域	安全防范设施		配置要求
18	保卫执勤岗位	人力防范装备、器具	对讲机、防暴头盔、橡胶棒、钢叉、防护盾牌、防刺背心、防割手套、强光手电等护卫器械	应配置
			催泪喷射器	可配置

附录 E
中小学校、幼儿园消防安全十项规定

为规范各级各类中小学校、幼儿园消防安全管理，有效防范火灾事故发生，确保师生生命财产安全，依据《中华人民共和国教育法》《中华人民共和国消防法》《国务院办公厅关于加强中小学幼儿园安全风险防控体系建设的意见》《建筑防火通用规范》《中小学校设计规范》《托儿所、幼儿园建筑设计规范》等有关法律法规、标准规范，制定本规定。

第一条 中小学校、幼儿园的法定代表人、主要负责人或实际控制人是本单位的消防安全责任人，对本单位消防安全全面负责。主管消防安全的负责人是单位消防安全管理人，领导班子其他成员对分管范围内的消防安全负领导责任。中小学校、幼儿园应当建立逐级和岗位消防安全责任制，明确消防工作归口管理部门，细化各部门和教职员工、保安、厨房工作人员、宿舍管理员、电工、消防控制室值班操作人员等岗位人员的消防安全责任。学校实验室应制定并落实危险化学品储存、管理和使用安全制度，明确实验室教学环节安全操作管理责任。

第二条 中小学校、幼儿园应当依法办理建设工程消防设计审查、消防验收和备案抽查手续，严禁擅自改变建筑使用功能及用途。学生宿舍、幼儿园儿童用房严禁设置在地下室或半地下室，幼儿园儿童用房严禁设置在四层及四层以上。与其他建筑合建的中小学校、幼儿园应使用耐火性能符合要求的砖墙、楼板和防火门（窗）与建筑内的其他场所进行分隔。电缆井、管道井应当按照规定进行防火封堵。中小学校、幼儿园室内装饰装修材料的燃烧性能应从严控制，并符合《建筑防火通用规范》《建筑内部装修设计规范》规定，严禁使用易燃、可燃板材、彩钢板搭建建（构）筑物、分隔房间。

第三条 学生宿舍面积必须严格执行《中小学设计规范》（GB 50099-2011）、《农村寄宿制学校生活卫生设施建设与管理规范》（教体艺〔2011〕5号）要求，凡不符合标准或擅自临时增加宿舍房间、增设床（铺）位的，必须按要求整改到位。

第四条 中小学校、幼儿园电气线路、燃气管路的设计、敷设应由具备电气设计施工资质、燃气设计施工资质的机构或人员实施，应采用合格的电气设备、电气线路和燃气灶具、阀门、管线，并定期检查。学生宿舍应安装限电保护装置。严禁在学生宿舍、幼儿园儿童用房内使用蜡烛、蚊香、火炉等明火和电热器具、电磁炉、热得快等大功率电器，发现学生、儿童携带打火机、火柴等火源的应予以没收。电动自行车、平衡车及其蓄电池严禁在公共门厅、楼梯间、疏散走道、安全出口及室内停放、充电。电缆井应当按照规定进行防火封堵，严禁在配电箱周围、变配电室、电缆井和管道井内放置可燃物品。厨房油烟管道应至少每季度清洗一次。

第五条 中小学校、幼儿园应当建立落实动火审批制度，电焊、气焊、切割等明火作业应当办理动火审批，清理现场可燃物，并落实现场安全监护措施。电气焊作业人员应当持证上岗。施工现场动火作业、带火花作业时，严禁与具有火灾、爆炸风险作业交叉进行。中小学校、幼儿园各功能建筑场所在正常教学、自习、就餐、作息期间，严禁动火施工作业。

第六条 中小学校的教学楼、图书馆、食堂、集体宿舍以及幼儿园的儿童用房每层应至少有2个安全出口、2部疏散楼梯，且不应与其他功能区域相互借用，并按标准配备消防应急照明和疏散指示标志。安全疏散距离不符合要求的，还应增设安全出口和疏散楼梯。学生宿舍每层应设置声光报警装置或消防应急广播。设置在高层建筑内的幼儿园应设置独立的安全出口、疏散楼梯。中小学校的教学楼、图书馆、食堂、集体宿舍和幼儿园严禁在门窗上设置影响逃生和灭火救援的障碍物。严禁占用、堵塞、封闭疏散楼梯和安全

附录E 中小学校、幼儿园消防安全十项规定

出口。男女生混用或其他特殊使用的宿舍楼，为管理需要采取的分隔设施和门禁系统，必须保证紧急情况下能够立即通过自动和现场双向手动两种方式开启。

第七条 中小学校、幼儿园应当按照国家规定配置消防设施器材，定期维护保养检测，确保完整好用。学生宿舍或午休室必须安装火灾自动报警系统或者具有联网功能的独立式火灾探测报警器。消防控制室值班人员应当取得中级消防设施操作员证书，并实行24小时双人值守。

第八条 中小学校、幼儿园应定期开展教职工、安保人员消防安全培训。宿舍管理员应接受专题消防安全培训，必须具备火灾报警、扑救初起火灾和组织学生儿童疏散逃生的能力。中小学校、幼儿园应当结合学生、儿童的年龄和认知特点，组织开展以用火、用电、火灾报警和逃生自救为主的消防安全培训教育，使其掌握必要的消防安全常识。

第九条 中小学校、幼儿园应针对学生儿童认知特点和建筑场所具体情况，制定符合实际的灭火和应急疏散预案，区分白天、夜间情况，明确责任分工、值守人员最低配置数量和应急处置程序。中小学校、幼儿园应建立微型消防站（志愿消防队），每学期至少组织教职工、安保人员和学生儿童开展1次全员消防演练，能够做到发生火灾第一时间拨打"119"火警，1分钟快速响应、3分钟有序组织疏散、5分钟初起火灾扑救力量到场扑救。夜间实行封闭管理的学生宿舍，应结合住宿人员数量、教职工值班安排制定专门的夜间预案，严格落实夜间值班值守要求，采取有效技术措施和管理措施，确保紧急情况下学生能够快速疏散。

第十条 中小学校、幼儿园的消防安全责任人或管理人应当每月至少组织开展一次防火检查，安排专人开展每日防火巡查，及时处理检查发现问题，严格落实整改和防范措施。寄宿制学校和寄宿制幼儿园必须根据学生儿童数量，安排足够比例专职宿管员24小时值班，夜间每2小时巡查1次。

本规定适用于各级各类中小学校、幼儿园。上级部门组织检查督导时，发现违反本规定要求的，校长、园长负首要责任，并将依法依规追究责任。

参考文献

[1] [德]扬科·冯·里贝克.儿童急救应急指南[M].澄泉,译.北京:求真出版社,2013.

[2] 周作新,李洪珊.特别关注儿童意外伤害[M].北京:人民军医出版社,2012.

[3] 刘德顺,夏晨伶.儿童意外伤害现场急救技术[M].成都:四川科学技术出版社,2010.

[4] 高溥超,高桐宣.怎样让孩子远离意外伤害[M].合肥:安徽科学技术出版社,2006.

[5] 中国疾病预防控制中心慢性非传染性疾病预防控制中心,全球儿童安全网络-中国.爱,从安全做起——儿童意外伤害预防指导[M].北京:人民卫生出版社,2008.

[6] 陆国平,张灵恩.儿童意外伤害[M].上海:上海科技教育出版社,2004.

[7] 浙江红雨急救研发中心,河南红羽文化传播有限公司.儿童常见意外伤害急救手册[M].郑州:海燕出版社,2015.

[8] 薛元坤.农村儿童意外伤害的防治[M].北京:人民卫生出版社,2011.

[9] 黄欣欣.托幼机构卫生保健实用指南[M].南京:江苏凤凰教育出版社,2018.

[10] 马军,等.中小学生安全手册[M].北京:人民卫生出版社,2022.

[11] 宣兴村.学前儿童卫生与保健[M].2版.长春:东北师范大学出版社,2017.

[12] 梁镔，李熙鸿.2020年美国心脏协会儿童基础、高级生命支持和新生儿复苏指南更新解读[J].华西医学，2020，35（11）：1324-1330.

[13] 李立伟.爱的拥抱——海姆立克急救法[N].医药养生保健报，2024-02-12（003）.

[14] 翟琳.积极防范儿童意外伤害风险[N].中国应急管理报，2022-03-12（003）.

[15] 曹雪微.学前教育中的幼儿安全教育的问题分析以及对策探讨[C].//中国陶行知研究会：第八届生活教育学术论坛论文集.北京，2023.5-7.

[16] 卢良坚，等.0～6岁儿童意外伤害627例相关因素分析[J].中国医药导报，2012，9（3）：123-125.

[17] 方琳.7岁以下儿童意外伤害相关因素488例分析[J].中国儿童保健杂志，2014，22（1）：98-100.

[18] 欧阳菊香，刘冬生.1933例学龄前儿童意外伤害住院病例分析[J].中国卫生统计，2014，31（2）：323-324.

[19] 张筱佼，等.2006—2012学年度珠海市集体儿童意外伤害态势及干预探讨析[J].中国现代医生，2013，51（25）：14-16.

[20] 李亚萍.城市学龄前儿童意外伤害的社会因素及其干预策略分析[J].医学与社会，2001，14（6）：24-26.

[21] 莫庆仪，等.儿童意外伤害924例分析[J].中国当代儿科杂志，2013，15（7）：559-562.

[22] 寿铁军，李勇，马能强.儿童意外伤害7360例临床特点分析[J].中国乡村医药，2016，23（3）：29-30.

[23] 邓芳明，等.湖南醴陵农村儿童意外伤害的危险因素调查[J].中国当代儿科杂志，2014，16（5）：524-528.

[24] 顾丽萍，等.上海市嘉定区江桥镇2005—2012年托幼机构意外伤害分析[J].中国妇幼卫生杂志，2013，4（6）：52-53.

[25] 何姗，等.中国儿童意外伤害的研究进展及展望[J].中国妇幼保健，2022，37（8）：1543-1546.

[26] 张春梅,李春玉.儿童安全教育及伤害现状[J].中国妇幼保健,2012,27(9):1327-1330.

[27] 田腾,顾荣芳.幼儿意外伤害发生规律探析——基于1315个案例的实证研究[J].中国教育学刊,2019,(12):67-71.

[28] 陈沛,蒲玮榕,张榕,伍颖,何姗.城市儿童家庭内环境与居家意外伤害的关联性研究[J].健康教育与健康促进,2023,18(03):270-274.

[29] 王艳,曹玉莲,刘蕊.幼儿意外伤害事故认知及安全教育对策[J].江苏第二师范学院学报,2023,39(03):44-54+124.

[30] 李晔,田佳.日本学校安全教育课程的内容、特点及启示[J].教育观察,2019,8(41):23-24.

[31] 蒋秀云.识标记 讲安全——大班安全教育半日活动设计[J].山东教育,2001,(30):27-28.

[32] 孙晓林.乡镇幼儿园安全教育问题与对策研究[D].淮北:淮北师范大学,2017.

[33] 吴彩瑜.幼儿园安全教育研究[D].福州:福建师范大学,2018.

[34] 朱海燕.农村民办幼儿园的幼儿安全教育调查研究[D].桂林:广西师范大学,2019.

[35] 托育机构婴幼儿伤害预防指南(试行)(国卫办人口函〔2021〕19号)

[36] 3岁以下婴幼儿健康养育照护指南(试行)(国卫办妇幼函〔2022〕409号)